未来を拓くあなたへ

「共に生きる社会」を考えるための10章

はじめに

宇都宮大学国際学部は２０１４年度に学部設置20周年を迎えた。わたしは国際学部が学生を受け入れた2年目の１９９６年4月に赴任した。20年以上国際学部と共に歩んできたことになる。

国際学部は２０１４年秋に学部設置20周年を記念して『世界を見るための38講』（下野新聞新書）を上梓した。この本は、国際学部および学部と関係が深い留学生・国際交流センターの教員計38名がそれぞれ取り組んできた教育研究のエッセンスを綴ったエッセーと学部が組織的に取り組んできた6つのプロジェクトを紹介する文章から構成されている。わたしはこの本の中で「ホームレスの泪―他者への想像力と共感」と題する文章を書いたが、この執筆はこれまでの自分の研究を振り返る良いきっかけとなった。以下の文章は、このエッセーの冒頭の一節である。

「わたしは、大学二年の時に、『出世したいなら法律を勉強しなさい。人間と社会について真面目に考えたいなら社会学を勉強しなさい』とある教員が発した独断ともいえるメッセージに決定的に影響を受けて、社会学専攻を決めた。これまで、フィリピンの権威主義体制と民主化、ホームレスと寄せ場、日本の災害関連国際援助、国際的な人の移動、外国人児童生徒教育問題、故郷である旧産炭地夕張の歴史と文化、等の諸テーマに向き合ってきた。どのテーマにも基本的な問題関心は通底してきたのではないかと思っている。それは、マイノリティ（少数者）や社会的に弱い立場に置かれている『弱者』への関心である」。

私がベースとしてきた社会学は、生活状況も異なり、様々な価値観や想いを持っている人たちが、「共に生きる」というのはどういうことかを様々な角度から考えていく学問である。つまり、今風に言えば、「共生」がテーマである。

本書の刊行は、様々なテーマに関わってきた足跡を総体的に振り返り、自分はいったい何を学び、何を発信してきたのかを再考し、「次の一歩」を考えたいという動機に大きく拠っている。また、調査研究や実践を通して社会的現実に向き合いながら考えてきたことを、まとまった形で広く発信したいという想いにも拠っている。全体を三部構成とした。

I部では、「人間と社会について考える力」をテーマに、3つの論考を収めた。社会学という学問は、他の学問に比べて、多様な対象・目標・方法を持っており、認識主体である個人が自ら問題（対象・目標・方法）を設定しなければ、学問研究自体が始まらない。この点は、総合性や学際性を特徴とする比較的新しい学問分野（地域研究や国際系の学問等）と共通するところである。このような性格を有する社会学および社会学的な研究においては問題意識が強く問われる。1章では、自身の問題意識を振り返った。次に、社会学とは社会の常識を身につけさせてくれるのではなく、社会の常識とは違う見方があることに気づかせてくれる学問である。自明性におおわれた日常生活をあえてカッコでくくり、常識となっている知識や考え方・価値観を疑ってみることが、社会学の第一の発想法である。また、人を「使い捨てする」資本の論理や人を「切り捨てる」権力の論理が現実の社会を大きく動かしているが、このような現実に向き合うには「周辺」に身を置いて「中央」の問題性を問いかける「周辺からの思考」が重要である。2章では、寄せ場研究に引きつけて、脱常識や「周辺」からの思考を論じた。3章では、ボランティアという行為を取り上げている。ボランティアとして支援活動等に加わることは、多くの場合、社会的現実を知るうえで有益である。しかし、ボランティアという行為が閉塞的な世界に閉じられてしまう場合やそれが被支援者に与える影響にも目を向ける必要がある。ボランティアという行為の意味や課題をホームレス支援の経験をもとに論じた。

Ⅱ部では、4つの社会問題に向き合った論考を収めた。第一に、おおよそ1990年前後から増加し可視化したことで問題化されてきたホームレス問題である。ホームレスは、人間を「使い捨て」する資本の破壊性と社会的排除によって底辺的な立場に追い込まれてきた下層の人々である。4章では、下層の人々が直面する問題を直視することで、社会の冷徹な仕組みや論理をみた。第二に、フィリピンのピナトゥボ火山噴火災害を題材にして、日本の国際援助について考える。ピナトゥボ火山噴火災害は20世紀最大の噴火災害で、広範囲かつ長期に渡り甚大な被害をもたらしてきた。5章では、官民様々な形でピナトゥボ火山噴火災害に関わった日本の国際援助の意義や課題等を振り返った。第三に、日本の地域の盛衰の問題を北海道の旧産炭地夕張を題材にして考えた。2007年に財政が破たんし財政再建団体に指定された夕張は、国策と大資本に依存してきた地域が直面する困難を象徴的に示している。6章では、夕張の経験を国策、大資本、地域の関係を中心に論じた。第四に、韓国の経験を比較参照しながら、日本における外国人労働者問題を政策と実態からみた。日本と韓国はともに労働力受入後発国として、外国人労働者導入に伴う「利益最大化」と「コスト最小化」を実現・維持するために厳格な入国管理制度をとってきた。7章では、こうした政策の特徴と問題点を追究した。

Ⅲ部では、「地域のグローバル化」と「多文化共生」に対する国際学部の関心と重ねる形で近年もっとも精力的に取り組んできた調査研究や実践を取り上げている。まず、8章では、共生と多文化共生という言葉の使われ方について批判的な検討を試みた。次に、日本語を母語としない外国にルーツのある児童生徒の教育問題を進学問題に焦点を当てて検討した。高校進学できない外国人生徒や高校からドロップアウトしてしまう外国人生徒が下層として日本社会に固定化されていく事態が危惧される。一方、日本の高校から大学に進学し、多様な分野で活躍している外国人の若者も出始めている。9章では、外国にルーツのある外国人生徒の進路問題の現状と課題を追究した。10章では、外国人児童生徒支援に関して宇都宮大学国際学部が取り組んできた実践を取り上げた。宇都宮大学HANDSプロジェクトと国際学部が国立大学では初めて実施するに至った「外国人生徒入試」である。外国人生徒の進路保障は、従来、高校進学のレベルで留まってきたが、外国人生徒を積極的に受け入れ育成することが、国立大学の大きな社会的役割として求められていると認識を強め、この入試制度を新設した。外国人児童生徒の進路保障と引き付けて論じた。

以上のような諸テーマに向き合うこととなった経緯は様々である。大学院時代は強権的な権威主義体制下にあったフィリピンの政治社会に関心を向け、博士論文を書いた。その後、日本の身近な現実にも目を向けたいとの気持ちが強まったが、当時（1990年前後）は路上で野宿する人々が増え始めるとともに、出稼ぎを目的とする外国人労働者の流入が本格化し始めた時期であった。以来、ホームレスや外国人労働者を含む下層問題と日本の国際化やグローバル化に対する国際社会学的な関心を持ち続けてきた。フィリピンのピナトゥボ噴火災害に対する日本の国際援助に対する検証作業は、フィリピン研究でお世話になっていた先生から声をかけて頂き外務省の有識者評価に関わったことがきっかけであった。出身地である夕張に対しては、忘れられつつある旧産炭地の歴史や文化を記録しておきたいという気持ちを共有する有志のメンバーと「夕張を学ぶ会」を立ち上げ、聞き取りを軸とする作業を一定期間続けた。最後に、外国人児童生徒教育に対する研究と実践は、国立大学が法人化した２００４年に、国際学部らしい地域貢献を追求する議論によって構想され開始されたものである。

ここでの最後に、国際学部の教育の特徴について私見を若干述べておきたい。それは、2つの「際」にあると言える。学を超える「学際」と国を超える「国際」である。「学際」性とは、複数の学問分野にまたがるような研究のあり方をさす。国際学部は、「国際」に関するテーマを大きな柱として、それに関連する複数の学問分野を関連付けたカリキュラム編成により、学生が複数の学問分野を学び、学生自身の中でそれらを融合する手法を重視している。従って、学部教育が目指すのはディシプリン（個別専門科学）の専門家ではなく、「問題から出発した専門家」の育成である。学生は、研究する問題を自ら発見・設定し、その分析のために複数のディシプリンの習得を目指すのである。研究する主体が自ら問題を発見し課題を設定するという手法は、自分が関わってきた社会学や地域研究にも共通して強く求められるものである。

目次

本書の刊行は、様々なテーマに関わってきた足跡を総体的に振り返り、自分はいったい何を学び、何を発信してきたのかを再考し、「次の一歩」を考えたいという動機に大きく拠っている。また、調査研究や実践を通して社会的現実に向き合いながら考えてきたことを、まとまった形で広く発信したいという想いにも拠っている。全体を「人間と社会について考える力」、「社会問題に向き合う」、「多文化共生社会を目指すために」の三部構成とした。

I　人間と社会について考える力

第1章　問題意識を振り返る

「問題意識は、あるテーマやそれについて提示された結論が、研究者自身にとって、あるいは社会にとって、あるいは社会学にとってどのような意味をもつかを問いかけるものである。また問題意識は、研究テーマやめざされている理論的結論との関連性を重視しながら、必要なテーマの選択を可能とする。したがって、問題意識のない社会学研究は、そもそも存在する価値がない」

（駒井洋『問題意識と社会学研究』）

問題の所在

　わたしは非常に善良な子供であり、小中高大を通じて優等生的な学生であった。今、善良的で優等生的な性格を引きずっている自分にある意味強い嫌悪感がある。大学と大学院を通じて、全体的に問題意識は希薄な学生であった。今でも、自分の研究を支えている問題意識とは一体何なのか、実ははっきり言えない状況があり、問題意識を発見していくこと、磨いていくことの必要性を強く感じている。そして、おそらく、善良的で優等生的な性格と問題意識が希薄であったこととは根底で深くつながっている。

　ある知人は、「研究には、時間をかけろ、金をかけろ、命をかけろ」と言った。強烈な問題意識をもって現実に切り込むことは、優れた研究にとって不可欠の条件であろう。研究における問題意識とは、なぞこの研究をするのかという意味を根底から問おうとする意識のことである。問題意識は、研究に反省的に向き合う中で、発見したり構築したり、あるいは再構築するものであろう。

　わたしの博士論文のタイトルは「フィリピンにおける政治変動の研究――民主主義と権威主義における国家権力の問題」である。フィリピンにおいてマルコス独裁体制が成立し、長期にわたり存続した事実およびそれが１９８６年２月政変という劇的な形で崩壊した事実に注目し、その背景と意味について検討した。現在、わたしが主に時間とエネルギーを費やしている研究テーマは、「日本におけるホームレスと寄せ場」であり、広く言えば日本における貧困問題と言い換えることができる。このような研究テーマの大きなシフトを促した主たる要因は、博士論文を書き、学位を取得したあとの「落ち込み」である。博士論文を執筆したことで得た一定の満足や喜びと同程度の相当の「落ち込み」があった。

その後、たまたまあるきっかけがあってホームレスや寄せ場に関する問題に関心を向けるようになった。そこには、自分を引きつける強烈な何かがあった。ホームレスの人々と自分との関係という問題を度々意識させられるとともに、常識と思っていたことがひっくり返され、この社会の支配的な価値観や論理をどっぷりと身体化している自分に気づかされた。また、「そんな研究何の役に立つのか」と問われることも少なくなかった。このような過程を経ながら、問題意識のあり方や研究の意味について自問する機会が増えてきた。

博士論文執筆後、フィリピンには継続して関心を持ちながらも、より大きな関心はホームレス・寄せ場に向かった。本章は、以上の変化を主に念頭に置きつつ、問題意識を軸にして自分の研究を批判的に振り返る。そして、自分への向き合い方と研究における問題意識のありようが深く関係していることを明らかにし、問題意識を構築するためのひとつの有力な方法は自分の原点を問い直すことであると主張する。極端に言えば、博士論文まで、わたしは自分という人間の個性や独自性に引きつけて問題意識を向き合うことがほとんどなかった。今、自分固有の強烈な問題意識を発見・構築していくことに大きな関心をもっている。このための作業は、自らの行動を突き動かす源泉を探求することと重なるであろう。人間の原点とは、その人個人の人間観や社会観および性格の根底を構成するものである。原点を見直すとは、原体験や原風景と思われるものにも遡りながら、どのような現実に悲しみや喜びあるいは憤りを感じながら育ち、どのような意識や価値観をもつ人間として育ってきたのかについて振り返り、それらの意味や問題性について自覚的になることである。

1　博士論文執筆までの経過

まず、博士論文執筆までの経過を簡潔に振り返っておきたい。

わたしは、学部・大学院ともに筑波大学である。筑波大学を受験するときに、明確な学問的関心や将来の希望を持っていたわけではない。「社会科学」的な勉強はしたいという希望は持っていた。筑波大学を選んだ理由は、親元（北海道）を離れたかった、経済的な理由で国立大学でなければならなかった、寮が完備されていて安心できた、という３点である。社会学を専攻した理由は、駒井洋先生との出会いによって興味を引かれたからである。学部１年生の時の前期に様々な授業を聞いて専攻を決めようと思っていたが、つまらない授業が続くなか、面白い授業があるとの話を頼りに出てみたのが駒井先生の授業であった。細かい内容は覚えていないが、掛値なしに面白かった。笑いが止まらないなかで、迫力を感じさせる授業であった。以来「社会学自主ゼミ」に所属し、マルクスやマックス・ウェーバーの著作などを読みながら、社会学の勉強を進めた。マルクスやウェーバーの著作をそれなりに一生懸命読んだことが影響したのか、国家、資本主義、支配など大きなテーマに関心が向くようになった。卒業論文のタイトルは「福祉国家の考察」。国家機能の増大が人間の生活や主体性に与える影響を批判的に考えたかった。

駒井先生の下で勉強し続けたいとの希望は強く、大学院進学は迷わなかった。ただ、サラリーマンや一般企業人のような仕事や生活は自分の体力や性格上とても無理だと感じていて、学問的世界を唯一の道と前々から思い込んでいた節もある。そして、国立大学に入学したことが評判になるような小さな田舎で育ったことで、研究者という知的エリートを目指す出世コースに夢を抱くようになっていたことも関係していただろう。

大学院に入り、アジア経済研究所の「発展途上社会の工業化と社会変動」に関するプロジェクトに参加させてもらい、社会変動論に関する本や文献解題をする機会があった。このときに近代化理論と従属理論に関する本や資料を結構読んだ。やや遅れて、駒井ゼミで従属理論研究会を立ち上げて読書会を何度かしたが、これらを通じて従属理論の迫力や面白さに惹かれた。同じ頃、ラテンアメリカの権威主義体制論を面白く読み、少しずつ第三世界の現実を知るようになった。この頃から、強権的な支配が第三世界で広範に見られるのはなぜかという問題に強い関心を抱くようになった。

1983年に初めてフィリピンに行き5ヶ月ほど滞在したが、それは、従属理論のような理論的な本を読み進めても修士論文を書く目処が立たず、半ば無理やりにフィリピンを対象をする博士論文を書くと決め、とにかく資料収集するとともに現地の実情に触れたほうがよいと判断したことによる。フィリピンを選んだのは、様々な点において英語で通用するだろうという見込みがあったこと、渡航費や物価が安く私費で行けたこと、ホームステイ先が確保されたことが主な理由で、なぜフィリピンかという点で学問的な理由は大きなものではなかった。滞在中の1983年8月にベニグノ・アキノ氏が暗殺される事件が起きて、動く政治の一端を感じた。修士論文は「フィリピンにおける権威主義的政権の成立と展開——軍部の動向に焦点を当てて」。軍事政権や独裁体制など強権的性格を持つ体制が第三世界で広範に存在するのはなぜかという課題を立て、従属理論や権威主義体制が主張しているような搾取や抑圧という観点とともに、見過ごされがちな支配の正当性という側面を取り上げて、フィリピンを事例とする検討を行った。

１９８４年に職を得てから、86年の２月政変を始めとして激動するフィリピン政治を追いかけながら、フィリピンの政治変動のメカニズムとその意味をより包括的に分析したいという思いが強まった。フィリピンというひとつの地域を対象として、支配の構造とそれに関る諸要因を多次元的に記述し分析するモノグラフ的研究を目指していたと言える。そして、フィリピンの現実理解を通して，第三世界に関する社会・政治変動論に批判的な検討を加えたいという思いも強かった。経済発展と政治発展との親和性を主張する近代化論やアジアＮＩＥＳの経済発展を根拠に権威主義体制を評価する近代経済学的発想は現実的な妥当性を欠いていた。従属理論は、対外的な従属に規定された低開発と政治的な抑圧体制の親和性を主張する点では説得的であったが、支配の複雑な構造を捉えるには不十分であった。また、民主化の動きは一般に過大に評価されがちであった。このような状況のなかで、従属理論のアジアにおける検証という課題を意識しつつ、フィリピンにおける権威主義体制から民主主義体制への移行が国家権力の性格をどのように変質させたか、あるいは変質させなかったかを主な論点として、80年代末に博士論文を作成した。

2　フィリピンからホームレス・寄せ場へ

釈然としないもの

博士号の学位を取得したのは1990年12月である。国際社会学叢書第7巻として『フィリピンの権威主義体制と民主化』を国際書院から上梓したのは93年10月である。この間は、博士論文をベースにした単行本を出版するための準備をしながら、ホームレスや寄せ場の世界に関わり始めた時期でもあった。91年の末に名古屋（当時は名古屋郊外に住んでいた）での越冬闘争（野宿している人が支援者らとともに冬を越えて生き延びるための闘い）に初めて参加している。

博士論文作成後に感じた「落ち込み」は、いわば「こんなので良いのだろうか」という気持ちであり、学位取得直後から表に出始めた。おそらく、博士論文の作業を進めながら感じていた何か釈然としない気持ちが、一応の作業を終えたことを区切りにして強まったのだろう。博士論文に反省的に向き合うことも出来たはずである。しかし、わたしは、単行本出版という現実的なチャンスを目の前にして、博士論文の視点・枠組み・方法などを大きく見直すこともなく、博士論文に加筆・修正する作業を継続した。一方で、フィリピンとは別のテーマを探し、いろいろなことを勉強し直したいという意識が強まった。具体的なテーマが頭に浮かんでいたわけではないが、自分の身近にあることで日常的に接触しながら考えていくことの出来るテーマを求めた。何か別の新しい現実にこだわることが、従来の研究姿勢やスタイルを問い直していく上で不可欠と思われたのである。外国・地域研究が研究する本人にとってどれほど「身近なもの」であるかは、テーマ、着眼点、関係性などに規定されて様々であろう。自分の場合、フィリピンはどこか本質的に自分の世界の外にある遠い存在に感じていたように思う。

笹島体験プログラム

ホームレス・寄せ場の世界との関わりは、1991年の暮れに、名古屋の寄せ場である笹島への体験プログラムを呼びかける新聞記事をたまたま目にしたことがきっかけで始まった。それは、支援者らが企画したプログラムで、野宿している人や日雇労働者が直面している現実に触れて、日本社会の身近な世界のあり方について一緒に考えようという内容であった。野宿や日雇の問題には全く関心をもっていなかったが、全然知らない世界を覗く好奇心や何か刺激を得られるかもしれないとの期待の下に、一泊二日のプログラムに参加した。中高年の男性ばかり（200人くらい居たのだろうか）が一杯の雑炊を求めて並んでいる炊出しの光景には驚いた。炊き出しの現場は普段何気なく利用している名古屋駅地下鉄の構内であり、身近なところにこんな事実があったのかと気づかされた。

しばらく支援の活動にボランティアとして関わろうと思ったのは、当初は、研究上の動機というよりは、むしろ支援している人たちがどのようなことを考え、何を目指しているのかに興味を持ったからである。支援する人のなかには魅力的な人が多く、支援の世界はそれまで自分が見てきた世界とは異質な価値観や論理によって構成されているように見えた。体験プログラムに参加して以来、医療相談、福祉事務所への付き添い、炊出し、病院訪問、夜回り、越冬活動などの支援活動に継続的に参加した。衣食住や健康面で困っている人たちと直接対峙する現場での活動を通して、また貧しい生活状態に置かれている人たちが差別や偏見さらには襲撃の対象になっている現実に触れて、問いかけたい様々な研究課題を意識するようになった。日本寄せ場学会の存在を知って入会し、1993年の秋のシンポジウムでは「外国人労働者と都市下層――戦前期名古屋をめぐって」というタイトルで報告した。これがホームレス・寄せ場研究のスタートであった。

3 フィリピン研究において何が問題であったか

『フィリピンの権威主義体制と民主化』(1993年10月刊行)は、博士論文に加筆・修正を加えたものであり、基本的な枠組みや内容は変わっていない。単行本出版というより明確な形で一つの作業が終わったことで、改めて自分の進めてきた研究のあり方について見直す必要を感じた。本書の内容についていくつかの評価を聞く機会があったこと，ホームレス・寄せ場を対象とした新しい研究を摸索し始めていたこと、これらを通して、フィリピンを対象として進めてきた研究に対する疑問や釈然としない気持ちが具体化されていったように思う。以下の関連する諸問題があったと言える。

第一に、日本の社会を通り越して、フィリピン社会の動きを追いかけるような研究姿勢の問題がある。フィリピン社会の特徴や問題状況を認識していく過程は、自分が日本社会についていかに無知であるかということを自覚化する過程でもあった。例えば、本書についてフィリピンの共産主義運動についてよく描かれていると評価を受けたが、実は日本の共産主義運動についてはほとんど知らなかった。フィリピンの貧困問題に関心はあったが、日本の貧困問題を特に意識したことはなかった。フィリピン国家の分析に使った枠組みが日本に妥当するか考えなかった。筑波大学のある教員から「田巻君は日本の貧困問題にも関心をもったらどうですか。（田巻君の故郷の夕張のように）日本の国内にも植民地的な地域はあるし、貧困問題は広範に見られる」という趣旨のことを言われたことがある。おそらく、外ばかり見ないで自分の身近にある現実にも目を向けなさいとのメッセージだったと思う。20代後半に，ある学会で「フィリピン政治における軍部の役割」というテーマで報告をしたときに、同じようなテーマで韓国を研究している在日韓国人の研究者と出会った。かれとたまたま故郷談義になったときに、「北海道の夕張にはたくさんの朝鮮人がいたでしょ」と言われたが、その時は何のことかわからなかったのである。かれの発言は、在日外国人問題、強制連行、夕張の歴史などに関心を持ち始める大きなきっかけとなった。足元の現実や自分が属する社会に全く無知でありながら目を向けなかったことに気づかされることは度々あり、いわば、外の世界ばかりを見るような研究とは何か、きわめて断片的で閉じられた知識しか蓄積できないのではないだろうか、という気持ちを強めてきたと思う。

第二に、一方では，どこまでリアルにフィリピンのことを理解しているのだろうかという疑問が絶えず付きまとっていた。私のフィリピン研究は、フィリピンの政治変動のダイナミズムと意味を包括的に理解しようとする試みであった。この課題には一定程度答えたとは思っている。この点に関し、「優れたモノグラフです」「複雑なフィリピン政治の問題を非常によく整理されている」等の評価については甘受しておきたい。しかし、政治的抑圧、人権侵害、農村開発、軍部の政治化、大衆運動の高揚、共産主義運動等について記述する時に、それぞれに関する具体的でリアルな状況が頭に浮かんでいたわけでは決してない。研究方法のあり方が深く関係していたと言えるだろう。わたしが主に行ったのは、フィリピンの政治、経済、文化、歴史に関する二次資料を整理・検討しながら、設定した課題に関する諸事実を再構築し、解釈・説明することである。

フィリピンの政治変動の背景と意味を包括的に理解することを目的に、歴史的視点を組み入れながら、様々な社会領域の現実を再構築するという方法において、一次資料を重視・活用することにおける固有の困難はあったのかもしれない。しかし、学部・大学院を通じて、具体的な現実と直接向き合うことよりもむしろ文献と向き合うことで物事を考える傾向が強かったことは否めない。フィリピン現地で様々な現実を見てきたことは確かだが、そのなかで、研究し記述するという行為と直接結びついているものは少ない。一次資料の発掘・収集やフィールドワークを積み重ねて丹念に現実を調べてはいるが、問題意識が希薄で枠組みの精練も理論志向も不十分な地域研究者とはある意味対照的に、ある地域にこだわりながらも表層的な理解に留まってきたという問題があった。

第三に、独創性や主張に関連する問題がある。「田巻は独創的なアイデアがないんだよな」とは、数年筑波大学で苦楽をともにした友人から度々聞かされた言葉である。「おまえにはあったか」という反論は別にして、この批判は基本的に当たっていたように思う。拙書に寄せられた最も痛烈な批判は、酒を飲んでいる席上だったので本人が覚えているかどうかは定かではないが、しかも初対面で、ある研究者が発した「この本は、ぼくはこんなに優秀で頭が良くて、フィリピンのことがこんなにきれいに説明できるんだ、というような本だ」というものであった。「きれいに説明することで終わっている」「書くことの意味や政治性に対する考慮がない」という趣旨の発言が続いた。これは、現実に対する向き合い方や研究することとの意味に関わる問題である。論文作成の締め切りや就職のための準備というような現実的な拘束性を置いておけば、フィリピンについての研究を持続させてきた原動力は、ある種の知的興奮だったように思う。フィリピン社会との接触から、貧富の甚だしい格差、非人間的な家政婦の世界、権力の集中と厳しい政治状況、エネルギッシュな社会・政治運動などを通じて、社会というものが持つ矛盾や凄さの一端を感じた。「どうしてこのような社会があるのか」という素朴な疑問はずっと根底にあったと思う。問題は、フィリピンを常に遠くから眺めるような態度であり、自分の存在や世界とは切り離して観察し説明しようとする態度であった。総体的に、ある現実に出来るだけ入り込み、身を置こうとしながら、そこを基点として問題を発掘していこうとする姿勢は希薄であった。

以上の諸問題は、フィリピン研究に従事するなかで「こんなので良いのだろうか」とどこかで感じ続けてきた気持ちの根底にあったものだと思える。ある現実やテーマとの出会いには多分に偶然的な要因も関係しよう。重要なことは、現実やテーマに対する向き合い方と、それらにこだわることとの意味づけである。ある現実を外から眺めて感じる知的興奮をベースにしている限りでは、独創的な課題設定は生まれないだろう。徹底的にこだわるフィールドを持たなければ、リアルな社会認識は獲得できないだろう。「きれいに説明する」作業からは、強烈な主張は生まれないだろう。フィリピンとは違うテーマを模索する上で、足元の現実、日常的に関われるテーマ、具体的な人間の顔、こだわり続けるフィールド、現実に身を置き問題を発掘していくこと、これらのことを意識し始めていた。また、地域研究に関しては「関係性」への関心が強まった。「日本の発展途上国研究はなによりも日本社会との関係を軸にした分析をしなければ駄目だ」と思うようになり、まずは、日本社会に向けて問題や主張を発信する研究の必要性を意識するようになった。

4　自分への関心

ホームレスや寄せ場の世界に関わるなかで、従来あまり意識することがなかった事柄に目が向くようになった。極端に言うと、自分への関心が高まったが、それには２つの大きな契機があったように思う。

常識的な発想

一つは、自分が常識的な発想を深く身体化・内面化している存在だということに気づかされたことである。常識的な発想とは、既存の制度的枠組みや支配的な価値観・論理を無批判的に正当なものとして受容する考え方と判断の体系と位置づけておく。この側面に関する関心は，日本寄せ場学会の学会誌『寄せ場』誌上その他で展開されていた「勤勉」と「怠け」の議論から大いに触発された。

ホームレスの人々（以下、ホームレスと略）は、怠け者であるとみられがちである。怠け者は、根本的に勤勉かつ真面目ではない人間であることが意味されている。この点に関し、ホームレスに関する自分の研究では、一般的にはみえにくいかれらの仕事や生活を描き、ホームレスは決して怠け者ではなく勤勉な労働者であること、しかし個々の実情を超えた社会的な要因によって野宿という窮状に追い込まれている現実を明らかにすることを重要な課題としていた。支援活動では行政関係者に対してホームレスの勤勉さを強調して救済を主張し、研究としては、かれらの厳しい現実と行政の排他的な実状を描くことに関心を向けてきた。

ホームレスの仕事や生活の現実を明らかにする研究は重要である。しかしこうした研究は、勤勉が善であり、怠け者が悪であるという支配的な価値観や論理を問うことに直接にはつながらない。勤勉と怠けに関する議論は、ホームレスに対する差別や寄せ場の労働に関する研究の中で検討が加えられてきた。ホームレス差別に関する主な論点は、ホームレスが市民社会の信奉する価値からの逸脱者であるとの規定が深く関わってきたということである。勤勉の正当性や絶対性を信奉すればするほど、それから逸脱している（ようにみえる）怠け者のホームレスは、価値のない人間として軽蔑の対象となり、社会的に排除される。また、勤勉であることを直接間接に強要してくる社会に対して不満を持ちつつも、現実の厳しさを考え、勤勉であることに執着する場合には、勤勉に束縛されず自由な生活を満喫しているようにみえるホームレスを許しがたい人間としてみる感情も強まる。ホームレス差別には、われわれ自身の価値観やライフスタイルが深く関係している。より広く言えば、異常なまでに労働社会として現出している今日の社会は、勤勉を善とし怠けを悪とする支配的価値観によって支えられている。しかし、勤勉の思想は、資本や権力によって作られた労働カテゴリーとして、中央および上から押し付けられてきたものであり、人間の生活を破壊する問題性をはらむ。したがって、勤勉であることの問題性と怠けの意義や重要性を多面的に検討しながら、支配的な価値観や論理を捉え返す視点や思想を構築していくことが必要となるのである。

勤勉と怠けの議論は、社会から否定的に意味づけされているもののなかに積極的な意味を見出し、価値あるものとして社会に切り返していく発想の重要性を訴えている。私は、従来、このような発想をあまりに意識することがなかった。「勤勉であれ」という教えを何の疑いもなく受け入れ、それに向けて頑張ってきた気がする。ホームレスに対しても、どこかで勤勉と怠けを基準に差別的に分類・選別してきた。かれらに対するまなざしは、自分が批判的に見ようとしていた社会のまなざしと本質的に変わらないものであった。社会を変えるという実践的な課題において重要なのは、社会を支えるわれわれ一人ひとりの常識的な発想を解体させていくことであり、結局は自分自身の問題につながる。ある現実やテーマに向き合うことは、自分自身に向き合うことと通底すべきだと言えるだろう。

物言わぬ自分

もう一つの側面は、主に支援活動に従事するなかで、ホームレスに対して物言わぬ自分を感じてきたことである。何かをする意欲に乏しく、社会の状況を変えるにはあまりにも消極的で、与えられるものをただ受け取っているようにみえるホームレスとの出会いがあった。自立や連帯や共生といった問題にはほとんど関心を持っていないホームレスに対して幻滅を感じたこともあった。しかしそうした場合でさえ、かれらに個人的な意見をぶつけることがなかなか出来なかった。その理由の一つは、厳しい生活状況に置かれている人に対して、はるかに楽で平穏無事な生活を送っている立場から意見を言うことに躊躇があったことだろう。そして、ホームレスが社会から差別されている現実を知ることで、この躊躇はさらに拡大する傾向があったように思う。花崎は、人権擁護や生活向上に連帯する活動の足元に生じやすい問題を被差別者の「美化」や「主人化」という観点から捉える（花崎　1993）。それは、被差別者が社会から差別され抑圧されている事実を重視し、さらに自分がそうした社会の一員であることの責任を罪悪視するあまり、被差別者を祭り上げ、贖罪のために無条件に奉仕するような心的作用を指す。花崎によれば、それは、無意識に自分を義人化する偽善を生み出し、祭り上げた相手を堕落させる。

厄介な問題に関わることを避ける心的作用も深く関係していたと思える。支援という行為は、相手に感謝されていることをしている限りでは、実に心地よく楽しいものである。また、何もしない一般の市民とは違い、自分は良識ある善良な市民であるとの自負も感じさせる。逆に、お互いの意見や本音をぶつけながら、ともに考えていこうとすれば、様々な厄介な問題に巻き込まれる可能性は高まる。本音を言うことが、自分の差別意識や加害者性の問題に立ち返ってくることもあろう。ホームレスを対等な人間とは見ず憐れんでいて、自分の楽しみのために自己本位的に利用しているという化けの皮が剥がれるかもしれない。楽しさを全面的に否定するつもりはないが、楽しさの世界に埋没することは問題である。わたしは、自分が問われるような関係性にまで一歩進むことを恐れていたと言えるだろう。このような心的作用は、支援の世界に限定されるわけではない。ある相手に対してやや距離を置きながら、親切な行為をして相手から感謝され、善良な人間として振舞う、このような関係がわたしの人間関係の基軸になってきたと思える。

常識的な発想を引きずってきたことと傍観者的で善良的な性格は根底でつながっており、それらを引きずっている限り、強烈な問題意識は生まれないだろう。様々な現実や人間との出会いのなかで、ある意味で厄介な問題に向き合うことで常識的な発想の問題性が鋭く問われるのではないか。ある現実に対する向き合い方は、その現実との緊張関係のなかで絶えず問い直されていくことが必要である。

5 現代の貧困問題と自分の原点

現代の貧困問題

ホームレス問題は、失業や労働問題、社会保障の仕組みなどが深く関わる現代の貧困問題である。そして、貧困問題は、物質的な貧しさとともに社会的排除の問題でもある。「貧困の問題は人間の物質的存在にだけ還元して考察するのではなく、社会組織全体のなかの貧民の位置付けを考察の対象としなくてはならない。貧民は，生活面での不足や生活手段を充足することが出来ないことに我慢しているだけではない。物質的状態の犠牲者というだけでもない。そのことだけではなく、社会的排除の対象になっていることこそが念頭に置かれるべきなのである。」（ゲレメク1993、6頁）。

ホームレスや寄せ場の問題に向き合うなかで理解してきた基本的な現実は、一生懸命働いても（働こうとしても）貧しさに陥る人がいて、貧しさから脱却できない人がいることである。それは個々人の意思や事情を超えた経済や社会の仕組みの問題である。しかし、貧しいことの原因は、本人の努力不足や勤勉でないといった個人的要因に求められがちである。そして、貧しい人々を蔑み排除しようとする社会のまなざしと論理がある。最後に、物質的な貧しさを惨めであることおよび不幸であることと直結させてしまう価値観が支配的である。

このような現実は自分に何を投げかけているのだろうか。なぜこうした現実にこだわろうとしているのだろうか。ホームレス問題に関わる人は、貧しい人々を排除する社会への憤りと、社会から蔑まれ排除される貧しい人々へのある種の共感を共有しているのかもしれない。ホームレスと寄せ場の先駆的研究者である青木の文章「雑踏のなかにうずくまる野宿者の一滴の泪に気づかない社会（科）学に、いったい何が出来ようか！　思いは激しく、理念は深く、理論はしたたかに」（青木　1989、4頁）は噛み締めていきたい。

原点としての貧困問題

わたしは今、現代の貧困問題にこだわることを、自分の原点を見つめ直すことから意味づけることに大きな関心を持っている。まず、小さなころから貧しいことを意識し続けてきたことに気づく。貧しさを象徴するのは父親であり、家庭であった。ホームレスと寄せ場の世界に関わり始めてから、生まれ育った家庭や夕張という町のことを振り返る機会が増えた。寄せ場の日雇労働者と炭鉱離職者との構造的な関係を理解し始めたこと、炊出しに並ぶ列の中に夕張出身者がいたことなどに触発されながら、現代の貧困問題に接するなかで、自分自身の貧困に関する原風景や原体験を見つめるようになったと思う。自分の原点はなによりも貧困に対する悔しさや惨めさおよび憤りといった複雑な思いがあり、そのことが現代の貧困問題にこだわる大きな背景になっているのではないか。

一方で、常識的な発想を引きずっている自分を変えたいという思いがある。ホームレス問題に向き合うと、常識的な発想や、自分は何者かという問題が跳ね返ってくる。社会の問題と自分自身の問題に向き合うことが連動しており、このことがホームレス研究に向かう大きな源泉になっていると思える。常識的な発想や善良的な性格の自分はいかに形成されてきたか、この点が自分の原点に対するもうひとつの関心である。

このような自分の原点を考える場合、私は父親の圧倒的な影響力を感じざるを得ない。父は、間違いなく、この世で最も恐ろしい存在であった。同時に、喜怒哀楽や好き嫌いといった自分の感情やまなざしが最も強く向かう対象であった。父は2年前に死んだが、たまに夢の中に出てくるし、今後も対話は続くだろう。しばらく、父や家庭のことを綴りながら、自分の貧困に対する意識や性格の原点に目を向けたい。

父親、家庭、自分

わたしは、かつての産炭地夕張で生まれた。親父は20歳代前半（昭和20年代後半）に単身で新潟県三条市から夕張に渡り、その後家族を呼び寄せた。夕張に渡ったのは新潟では生活の見込みが立たなかったことが原因らしい。家族のなかで道産子はわたしだけである。親父は、当初、金物屋で従業員として雇用されていたが、その後独立した。親父は鋸の目立ての職人であった。金物屋を営みながら、鋸の目立ての仕事で炭鉱会社に雇用されていた。小さいけれども金物屋を営み、持ち家も買ったわけで、極貧だったわけではないだろう。ただ、物質的に貧しかったことは確かであり、わたしは貧しさを意識して育った。特に子供心において、同級生の近所の金持ちの息子の家の豊かさと自分の家の貧しさは対照的であった。しかしむしろそれ以上に、父親の生きてきた軌跡や仕事そして父親の考え方それ自身のなかに、貧しさを感じとっていたのではないかと思える。

親父は、酒に酔うと、いかに不幸な境遇で育ち苦労してきたかということ、および貧乏は惨めであることを子供たち（特に自分に向けてだったと思う）に話した。そして、苦しい生活のなかで、一生懸命頑張って仕事をして家を建て、子供たちも育ててきたと強調した。仕事に関しては、給料の安さとボーナスがないことを中心に、会社への不満をよく口にして嘆いていた。小学生の頃、二番目の姉と2人で毎週日曜日に親父の弁当を職場に運んでいたが、仕事場にはその日に目立てをする鋸が積まれていた。親父は非正社員で出来高賃金で働いていたと思う。修理の鋸の数が少なければ短時間で家に帰ってくることも少なくなかったらしい。わたしは、親父の姿に、一生懸命働いても（働こうとしても）なかなか豊かになれない人々がいるという現実をみていたのではないか。貧しいことが原因で、金に対する親父の執着はかなりのものがあったと記憶している。

親父は、家庭では絶対的な権力を持ち、子供に対して絶対的な従順を強いる存在であった。子供たちに伝えたいことは何度でも繰り返し、一度でも「それさっき聞いた」と言ったら、怒った。そして、自分が信奉してきた価値観を絶対的なものとして子供たちに説いた。「一度も仕事を休んだことがない」と「貧乏だけど人に迷惑をかけたことがない」は親父の口癖であり、勤勉で、一生懸命働くこと、他人に迷惑をかけないこと、と繰り返し聞かされた。そんな「強い」親父ではあったが、家庭の外では「弱く」見えた。特に貧乏人を馬鹿にして偉ぶっているようにみえた金持ちに対して、親父が平身低頭している姿や何かのトラブルで相手に謝っている姿に、わたしは情けなさや悔しさを感じ、泣いたこともあった。

わたしは、時に親父に反発を感じながらも、全体的に従順であった。小さな頃から親父を怒らせてはいけないと感じて育ったと思う。親父の怖さを暴力などでストレートに体験したというよりは、家庭のなかが陰気になるのが嫌だった。親父は不機嫌や憂さを母親に向けることがしばしばあった。母親は親父に従順で、子供たちを暖かく守ってくれる優しい存在であった。わたしは母親に怒られた記憶がほとんどない（最近は別であるが）。そんな母親が親父に怒鳴られたり不機嫌に当たられる光景を目にするのは忍びなかった。ちなみに、小学生の低学年の頃だったと思うが、毎晩晩酌する親父に向かって、「一生懸命働いても酒ばかり飲んでいたら金も貯まらないのでは」という生意気な発言をした時に、母親が「そんなことは言ったら駄目」と目で合図してきた。母親が例外的に厳しい顔をしていたのだろうか、なぜか鮮明に覚えている。

従順であったことは、貧乏で苦労してきた親父に対するいとおしさや愛着が関係している。姉2人に比べて自分をより可愛がってくれたことへの複雑な気持ちも関係しているだろう。自分を特別扱いした点では、母親も同じである。男であったこと、良い子であったこと、成績が優秀であったことが関係していたのだろう。弁当のおかずの中身から始まって様々な点で、自分に対する扱いは姉とは違うことを感じて育った。時々姉たちがかわいそうに見えた。最大の特別扱いは、大学進学を認めてくれたことである。「尋常小学校（旧制の小学校）しか出てない自分がなぜお前を大学にまでやらなければならないのか」「本当はお前よりも長女のほうが頭は良かったけど金がなくて大学にやれなかった」と親父から何十回も聞かされた。親父の屈折した気持ちを表していたと思うが、反面、優秀な息子は自慢であり、大学に入った息子を誇りにしていたようだ。少ない収入のなかから仕送りする厳しさも何度となく聞かされた。姉2人との扱いの違いや親父の苦労と比べて、恵まれた環境に置かれてきたことを自覚するなかで、従順な性格が形成されていったように思える。

親父からすれば、苦労してきた自分の人生と対比させつつ、また特別に目を掛けてきたことで、特に息子は従順でなければならなかったのだろう。大学時代に帰省したときに、珍しく自己主張をして、親父をものすごく怒らせたことがある。口も利いてくれないまま大学に戻ったのだが、親父が不機嫌さを母親にぶつけている場面を思い浮かべ、お袋しんどいだろうなと強く感じた。時期は定かではないが20代の後半までに、親父に反発したり抵抗することをやめ、従来以上に親父を喜ばすことを意識するようになったと思う。親父と本音で語り合うことはなかった。

わたしは、父の存在を通して、物質的な貧しさに対する悔しさや惨めさおよび憤りといった複雑な思いを抱くようになり、また、父との関係を軸にして、常識的な発想や善良的な性格を身につけていったと思える。大学進学で夕張を離れるときに、親父は駅に見送りに来て手を振っていた。電車に乗り込んでからしばらく、親父の顔を思い浮かべながら、涙が止まらなかった（親父の顔を！である）。親父の存在の大きさと親父に対する複雑な胸中を象徴するような場面だったと思える。

6　より鮮明な問題意識の構築に向けて

本章は、博士論文執筆後の「落ち込み」を研究テーマのシフトを主に念頭において、自分の問題意識について考えてみる試みであった。博士論文執筆と関連作業において、自分固有の問題意識を深く掘り下げて考えることは希薄であった。このことには、善良で優等生的な性格が多分に関係していたと思われる。小さな頃から親の言うことをよく聞く真面目な子で、学校では与えられた課題をこなすのが面白く成績はまあまあ優秀で学校の先生からもよくほめられた。そうした良い子でいることに疑いは持たず、満足していた。親父に従順で抵抗もしなかった性格のためか、周りの人間と本音を語り合ったり喧嘩した記憶もほとんどない。暴力も怖かったけれど、他人から批判されることも同様に怖かった。適当な付き合いの中で適当に評価されるような人間関係を好んでいたと思う。振り返ってみれば、大学における勉学のエネルギーにおいても、駒井先生からほめられたいとの期待が大きなものを占めていたのではないか。実際に、駒井先生からはよくほめられた。たまたま出会った理論や現実から大いなる知的興奮と刺激を受けたが、現実に対する向き合い方は距離を置く傍観者的なもので、現実を整理してきれいに説明することに留まっていたと思う。

ホームレスと寄せ場の世界との出会いでも偶然的な要素が大きい。しかし、テーマにこだわる理由を探求する姿勢は強まった。そして、常識的な発想を引きずっていることや現実に対する向き合い方に問題があることを自覚するようになり、自分の価値観、姿勢、性格などを変えたいと意識するようになった。社会の仕組みや論理の批判的な検討は、社会を変えたいという実践的な志向性の下に行われる。したがって、それは、社会の支配的な価値観や常識を内面化して社会を支えている自分自身の批判的な検討と連動するはずである。ある現代的なテーマを対象とする研究と、自分の原点を見つめること、および自分を変えたいという思いやそのための課題を重ね合わせ意味付けしようとしていくことのなかに、その人固有の独自な問題意識が発見・構築されていくことの大きな可能性があるのではないか。わたしはこの観点に立って、今向き合っている現実といわば原点回帰との往還を通じて、自分固有の問題意識の構築を目指していきたい。ここでの原点回帰は、親父を軸とする家族関係のなかで形成されてきた自分を見つめることである。

貧しい人々が作り出される仕組み、貧しい人々を蔑み排除する社会のまなざし、物質的な貧しさと惨め・不幸を直結させる社会の支配的な価値観、貧しい人々自身がそうした価値観を内面化していること、これらのことに対する複雑な思いや憤りは、特に父親を見ることで醸成されてきた自分の原点とも言えるものであり、この点をさらに見つめていきたい。さらに、父親の圧倒的な影響力のもとで身体化・内面化されてきた常識的な発想や従順・善良的な性格に向き合い、その解体を目指しながら、勤勉と怠け、豊かさと貧しさ、誇りや惨めなどについて、社会の支配的な論理に抵抗する観点から意味づけていくことを目指す。

最後に1点付言しておきたい。本論では、問題意識を、研究することの意味を根底から問おうとする意識のことであると捉え、極端に言えば、その構築のために自分の原点を見つめることが重要だと指摘した。もうひとつ重要な作業として、自分の個性にあった研究を探求することをあげたい。わたしは、フィリピンの政治変動の研究において、甚だ雑ではあったが、様々な現実を再構成し統一的に説明して理論化を図るという大いなる野望を抱いていた。そのような研究スタイルというか志向性は自分にあっていた気がする。ホームレス問題に関わり、身近な現実や顔の見える人を研究対象とし始めて、そのような理論化の志向性は後方に退いてしまった。ホームレスや寄せ場の現実の面白さや凄さに埋没し、理論化という困難な課題を避けてきた。したがって、博士論文から今日までの研究経過を振り返って、研究の姿勢はある面では進歩しある面では後退したと思う。自分の個性や能力を生かす研究を探求することは、問題意識を構築することに勝るとも劣らないくらいに重要なことだ。

自分固有の問題意識を構築しながら、どのような課題設定をするのか。「関係性」を軸にしつつ、自分の個性や能力を生かせるどのような研究を志向するのか。これは問われ続ける課題である。

第2章

寄せ場を起点とする社会学の射程

―「中央」と「周辺」および「勤勉」と「怠け」をキーワードにして―

「どんな学問も次の二つのことをめざさなければならない。すなわち、明快であること、そして、当り前でないこと、である。」

（ランドル・コリンズ『脱常識の社会学』）

問題の所在

寄せ場を基点あるいは対象とする社会学的研究が射程に置く問題領域は広範に及ぶと言えるだろう。わたしの場合、支援活動への参加を含めた寄せ場とのかかわりの中で主に感じてきたことが、大別して2つある。1つは、行政の問題に関する。これまで、野宿する人、炊き出しに並ぶ人、医療相談に来る人、一緒に職業安定所（職安）で仕事を探したり福祉事務所に相談にいく人と多く出会ってきた。かれらとの出会いを通して強く感じたのは、日雇労働者や野宿者に対して保護や援護という名で行われている福祉行政や労働行政の問題性である。極端に言えば、日雇労働者が困窮し野宿化することや野宿生活が長期化することがほとんど放置されている状況がある。第二は、いわゆる市民社会というものが陰湿で攻撃的な側面をもっていることの問題性である。これは、暴力的な行為から差別意識まで、日雇労働者や野宿者を対等な人間と認めず排除しがちな社会のありかたに関わる。また、支援への関わりは、社会の排除的な側面と同時に、自分自身の差別意識や加害者性への自覚を促したと思う。対等ではない非対称の関係において、強者や加害の側に立つものがその非対称の関係をどのように作り変えていけるかという課題は、特に野宿者との出会いを通して自覚化されたものである。

本論では、まず、「周辺」から「中央」をみるという基本的な視覚に言及し、次に、問題領域として「勤勉」と「怠け」に着眼して寄せ場研究の現状と課題について論じる。本論の記述は、寄せ場を基点として社会の仕組みやわれわれ自身の問題性を捉え返していくことをめざす研究のなかで、「勤勉」や「怠け」に着眼することがどのような意味をもつものなのかについて、序論的な整理と展望を行うことを目的としている。

1　基本的視角―「中央」の論理と「周辺」からの思考

以下、「寄せ場」という言葉は、日雇労働者の就労経路としての路上およびその周辺地域という本来の意味と、寄せ場に関わりが深い問題群―例えば野宿―を両方包含する言葉として使う。寄せ場は、仕事を求めて全国を流動・移動する労働者の結節点であり、中継点である。したがって、寄せ場の問題は、たまたまある時点で寄せ場にいる労働者に集約されるわけではない。総務庁統計局「労働力調査」によると、１９９６年（平成８）の建設業雇用者４９７万人のうち臨時は24万人、日雇は30万人でその合計は全体の約10％を占める。寄せ場はそのような臨時・日雇を始めとする不安定な就労層を背後にもつものと考える必要がある。

寄せ場研究の基本的視角として重要なのは、「周辺」から「中央」を逆照射するという意味での「周辺」からの思考である。ここでは、この「周辺」からの思考の基本的な意味や射程に言及する。「周辺」からの思考は、寄せ場研究に特有なものではなく、社会学的思考全体の基礎をなすべきものである。この点については、石田が簡潔に整理しているので、参照しておく。①既存の文化の「中央」からの思考は、「中央」からみるのではなく、「周辺」に身を置いてみることが「周辺」からの思考であり、その重要性は、「中央」からみた場合にみえないものが「周辺」からは見えること、およびより積極的には、「周辺」から「中央」の文化の問題性を問い直す必要があることに求められる、②「周辺」と「中央」は視角の方法性の問題であり、何処が「中央」で何処が「周辺」であるかということは、あくまで相対的な問題である。③「中央」と「周辺」の関係における抑圧と差別は、無限に連鎖しており、大部分の人は、一方では「周辺」にありながら、他方ではより「周辺」的な部分に対しては「中央」に位するという、無限の連鎖の中間に位置する、そして、(a)「中央」の考え方を疑うことなく受け入れて、自分より一層「周辺」的な部分を差別・抑圧し、そうした抑圧委譲を意識しない「中央」からの視角を採用するか、(b)自分が「周辺」にいて「中央」から差別されていることを問題視し、同時に、自分が更に一層の「周辺」に対して差別・抑圧していたことを自覚し、「中央文化」の問題性を問い直す姿勢をとるかのいずれかに分かれる。④「中央」

の論理は無限に遡りうる文化的源泉をもっており、その問い直しには歴史的な分析が問われる（石田１９８１）。

社会は人間関係の無限の連鎖から構成されている。そして、様々な人間関係は、抑圧・差別・支配・収奪などを介する具体的な非対称の関係としてあらわれる。この非対称の関係の強者の側の総称が「中央」であり、弱者の側の総称が「周辺」である。この意味で、社会は「中央」―「周辺」関係の無限の連鎖より構成されている。例えば、外国人や女性、障がい者などが直面する諸問題は、日本人と外国人、男性と女性、健常者と障がい者という非対称な関係のなかで作りだされているものである。そして、強者の側の日本人・男性・健常者の論理としてあらわれる「中央」の論理が、それらの問題を根底で規定している。「周辺」からの思考は、「周辺」におかれている人々の現実に着目し、そこを基点として支配的な価値観や制度および強者や加害の側に立つものの問題性を捉え返すという視角を共有しているものであり、個々の人間関係から国際関係まで、ミクロとマクロのいずれの領域でも重要な視角として用いられてきた。マクロな領域に関する視角を１つ例に挙げておけば、１９７０年代に世界的に広がった従属理論（dependence theory）がある。その代表的理論家であるフランクの「中枢」「衛星」概念やアミンの「中心」「周辺」概念は、「衛星」や「周辺」としてのラテンアメリカやアフリカの現実を直視しつつ、その視点から「中枢」「中心」としての欧米先進諸国の世界的な支配や搾取の問題性を捉えようとしたものである。

2 「中央」の論理と「周辺」としての寄せ場

「中央」の論理は、関連する2つの側面から構成されている。ひとつは、「中央」―「周辺」関係を作り出す論理に関わる。代表的なものとして、資本と国家の論理を挙げることができる。資本の論理は、一方で、生産性の増大によってモノの豊かさという創造性を実現するが、他方で、利潤追及とコスト削減の徹底化のために労働力の酷使や使い捨てといった破壊性を併せもつ。またそれは、労働面での生産性を根拠に人間を序列化・差異化する論理である。資本の破壊性が押し付けられ、国家から権利や保護の対象の外に置かれる層が「周辺」を基本的に構成する。「中央」の論理のもうひとつの側面は、「中央」―「周辺」関係により構成されている社会や文化を、自明なものとして現状肯定的に捉える視角に関するものである。資本や国家は、非対称な関係である「中央」―「周辺」関係を正当化する論理を作り出す。それは、「中央」からの視角といえるものであり、「周辺」の問題を「周辺」に置かれている人々自身の問題とみなす見方に大きく関わっている。

「周辺」の内容を構成する(してきた)ものは様々である。例えば、地域的には、世界資本主義の「周辺」部としてのラテンアメリカやアフリカなどの第三世界、日本資本主義の国内植民地として位置づけられる沖縄(琉球)や北海道(蝦夷)が挙げられる。(矢澤 1993)。階層的には、社会的な権利が剥奪されているという意味での広範な下層が含まれよう。このなかで、寄せ場は、「中央」の論理が露骨に顕在化し、それらの矛盾が最も凝縮された場として位置づけられる。それは、社会から切り離され差別された人々が寄せ場に生きるからであり、この意味で、寄せ場を基点とする研究は「中央」の問題性を鋭く撃つ可能性を持つのである。

「周辺」としての寄せ場を、資本と国家の論理と簡潔に関連づけておく。まず、日雇労働者の多くを構成するのは、産業構造の再編やリストラなどによって、企業社会や常時雇用の場から切り捨てられた人たちである。そして、日雇労働者は、常時雇用のリスクを回避するための景気の調節弁として、劣悪な労働条件のもとに、労働力を使い捨てにするという資本の破壊性が最も強度に押し付けられる存在である。なかでも、もっぱら寄せ場を就労とする寄せ場労働者には、日雇ゆえの流動性・移動性のために定まった住居がないものや、経済的困窮による野宿の結果「住所不定」になり、職安に登録できない人が含まれる。こうした寄せ場労働者が悪質な手配師や求人業者の支配や搾取を受けやすい。次に、国家の論理に関しては、国家的保護の施策として、労働行政による失業保険の給付と福祉行政による生活保護の制度がある。しかし、失業保険の給付は職安登録者を対象としており、また、生活に困窮しても「住所不定者」が生活保障を受けることは極めて困難だという現実がある。「住所不定者」の寄せ場労働者は、これらの施策から制度的実質的に排除されているのである。さらに、一九八〇年代後半以降、アジアからの出稼ぎ労働者の流入が増大してきたが、かれらの一定部分は寄せ場を経由して底辺的な労働力を担ってきた。在留資格が認められない未登録の「不法」外国人労働者にとって「匿名性」の高い寄せ場は仕事を見つけやすい主要な場の一つである。しかし、未登録ゆえの「不法性」は、法的適用の外部のカテゴリーとして、かれらを法的対象から排除し、あらゆる権利を剥奪するものとして作用する。

寄せ場を通してみえるのは、日雇労働者、「住所不定者」、野宿者、未登録外国人など、社会の正規のメンバーとして認められにくい人々の存在である。かれらは、定職がない、定まった住居がない、在留資格がないといった点で、確かにわれわれとは「異なる」が、この「異質性」を排除の根拠とするか否かは、「われわれ」が構成する社会の論理如何である。「周辺」は「中央」の論理によって作られる。国家による政治的な権利の剥奪や切り捨て、資本による酷使や使い捨てといった関係性のなかで作られる「周辺」は、単に所得が低いというような量的なカテゴリーとしてではなく、質的なカテゴリーとして理解されることが必要である。

3 「常識」と差別

われわれの大半は「中央」からの視角を多分に内在化させている存在であると言えよう。この内在化は、「周辺」の問題を見えにくくさせると同時に、「周辺」に出会う場合には、「中央」からの視角によって解釈することを促す。野宿者に対する排除の問題を例に取ろう。以前、名古屋駅前の「大名古屋ビルジング」がビルの軒下にフラワーポットを設置したことがある。この軒下には、それまで常時30人前後の野宿者が寝泊まりしていた。ビルが寄せ場に近く仕事を探すのに便利であること、軒下は雨が防げる構造になっていたことなどが、野宿者の多い基本的理由であった。ところが、フラワーポットの設置によって、十数人の寝場所が奪われることになった。ビルの管理会社の言い分は、フラワーポットはビル街の「美化」や安らぎを目的に設置したものであり、しかも敷地内のことであるから問題はないというものであった。これに対し、野宿者と支援者は、野宿者の窮状と、「美化」のもとでの実質的な排除が野宿者の生存の危機の深刻化に直結する問題であることを訴え、軒下で野宿することへの理解と寛容を求めた。いわば、街の「美化」か野宿者の「人権」かということが大きな焦点となった（「中日新聞」１９９２年６月１日）。

この事例が示している問題は、１９９６年１月新宿駅西口で寝泊まりしていた人々が東京都によって強制排除された事例や、東京都内の公園に蝟集していたイラン人が公園から追い出された事例と、同じ根をもつ。「常識的」に考えれば、フラワーポットを設置したビル管理会社に非はないと捉えられよう。なによりも、ビルの敷地内のことであり所有権・使用権はビル側にある。勝手に敷地内に入って野宿することの方に問題がある、と考える人が多いかもしれない。

ここで留意したいのは、「常識的」に考えることの問題性である。われわれはそれぞれの生活史のなかで出会ってきた知識・考え方や体験を通して「常識」を身につけていくが、その多くは、「中央」の論理に源泉をもつものである。これらは、文化として、あるいは教育やマス・メディアを介在して、われわれに内在化される。「常識」「一般」「普通」といった視点から物事をみることは、「中央」の視角から既存の社会や文化の自明性を受け入れ、日常的に行われていることを当然至極のこととして捉えることに通じ、思考はそこで停止する。ここでは、野宿者の主張が正しいかどうかといった議論をしているのではない。肝心なことは、「不法性」や所有権といった法的枠組みを所与のものとして絶対視する「常識的」な発想では、ビルの敷地内に野宿する人がいるという現実に凝縮されている社会の仕組みや問題性が見えないことにある。

「常識」的発想は、野宿者に対する偏見や軽蔑という形でも象徴的に現出する。その代表的なものは、野宿者は「怠け者」で「勤労意欲に乏しい」というものであろう。この「怠け」という捉え方は、なぜかれらは野宿しているのかという問いに対して、われわれが「普通」用意している根強い解答でもある。この側面に関しては、少なくとも次の2点を視野に入れておくことが必要である。まず、「怠け」との捉え方は、おそらく、かれらとの出会いやかれらの生活の観察を通して経験的に得られたものではない。確かに、われわれが、かれらの生活の可視的部分を見ることは少なくない。それは、昼間から「ぶらぶら」していたり、酒を飲んでいたりする姿であり、イメージ的に「怠け」と結び付きやすいものではある。しかし、われわれは、そうした経験的現実の積み重ねからかれらの「怠け」性を発見するのではなく、むしろ、あらかじめ「怠け」という意味が付与されている野宿者というカテゴリーを通して、かれらの現実を解釈しようとする。かれらを「怠け」と捉えることは、暗に自分は「怠けではない」ことを前提としている。これらの目に見える部分的な現実は、あらかじめ想定されているかれらの「怠け」性の確証を得るための材料及び根拠として動員され解釈されるのである。このことは、かれらと自分の「違い」を根拠づけようとする心的作用と関係している。

次に、「怠け」には明らかに否定的な意味が付与されている。その対極にあるものとして「勤勉」を想定することが出来よう。この場合、「怠け」や「勤勉」の意味や問題性を問うことなく、「勤勉」の正当性や絶対性を信奉すればするほど、それから逸脱しているようにみえる「怠け者」の野宿者は、価値のない人間として、軽蔑の対象とされ排除されやすい。また、「勤勉であれ」ということを直接間接に強要してくる社会に対して不満を持ちつつも、現実の「厳しさ」を考え「勤勉」であることに執着する場合には、「勤勉」に束縛されず自由な生活を満喫しているようにみえる野宿者を、

「許しがたい」人間として反感の対象をみる感情も強まるであろう。そして、野宿者が社会から排除されている現実は、われわれが「勤勉」に執着していることの正しさを立証するものとして受け止められる。野宿者に対する差別的な見方には「一般」に流布しているカテゴリーを通して現実を見ようとする姿勢や、われわれ自身の価値観及び生活スタイルなどが深く関わっているのである。

ここで、「常識」的発想を、既存の制度的枠組みや支配的な価値観を正当なものとして受容する知識と判断の体系と位置づけておく。あらためて言えば、この「常識」的発想は、社会に対する現状肯定的な見方であると同時に、「周辺」の問題を、「中央」との関係性のなかで作り出される問題としてではなく、「中央」からの視角に基づいて「周辺」に置かれている人々自身の問題に起因するものとして捉えるものである。われわれは、「周辺」の問題に対して、「常識」的に解釈したり差別的な見方をすることが多い。それは、単純化して言えば、「不法」だから、「怠け者」だから、日雇労働しているような人間なのだから、外国人だから、といった意識によって、「周辺」にいる人間が厳しい生活状況に置かれている状況を、かれら自身に起因する問題とみて、あたかも当然視することである。資本と国家の論理が「周辺」を作り出す原理だとすれば、われわれの「常識」や差別的な意識は、問題の根を個々の人間に見いだし、資本と国家の論理の貫徹を許す社会的条件を構成する。とりわけ、寄せ場労働者と野宿者に対して、きわめて強固なわれわれの「常識」や差別的なまなざしが向けられているのである。

4 「怠け」の意義・重要性と「勤勉」の問題性

寄せ場に向き合うことは、資本や国家の論理を根底から問い直すと同時に、われわれの「常識」や差別的意識を解体させる強い契機となりうる。この際、寄せ場に関する個別具体的な問題状況に着眼しつつ、資本と国家の論理に規定されている社会の仕組みとわれわれ自身のあり方を絶えず関係づけて捉えていこうとする指向性が問われよう。以下、「怠け」と「勤勉」をキーワードにして、「周辺」からの思考に基づく寄せ場を基点とする研究の現状と課題について論を進める。

「怠け」への注目

寄せ場労働者や野宿者に対する社会のまなざしは、「怠け者」との見方が根強い。「怠け者」だから寄せ場労働者や野宿者に「落層」したのだろうし、そうして状況から脱出できないというのが、一般的な解釈であろう。そして、「怠け」は、状況に応じて、「勤労意欲に乏しい」「必死になって仕事を探さない」「我慢が足りない」「すぐに不平不満を言う」などいくつかの語りで表現されるが、根本的に「勤勉」な労働者ではないことが意味されている。

このような見方に対抗する一つの視点として、寄せ場労働者や野宿者が決して「怠け者」ではないことを実証していくことがある。支援の世界では、野宿労働者という言い方が一般的であるが、この言葉は、野宿者もまた労働者であることを強調し、野宿者と「怠け」というカテゴリーを安易に結びつけがちな世間に対する異議申し立てという意味合いを含んでいる。そして、寄せ場に関する記述や研究のなかで、「怠け者」でないことを実証するために、一般的には見えにくいかれらの生活世界、不可視的な現実を描くことが重要な領域を構成してきた。例えば、アブレ（失業）が常態化している状況でも毎日寄せ場で仕事を探す労働者たちの姿、「とにかく仕事がほしい」と声高く叫ぶ労働者たちの声、建設業を底辺で支える日雇労働者の重要性、現場への往来も含めれば早朝から夜遅くにまで及ぶ長時間でしかもハードな労働、野宿者の生き抜くために働いている姿、などが描かれる。こうした記述の多くは、かれらもまた「勤勉」な労働者であること、しかし、個々人の事情を超えた社会的な要因によって窮状に追い込まれていることを明らかにするという意図をもっていると言える。

「怠け者」との見方が寄せ場労働者や野宿者の世界を知らないことに起因している側面があることは確かであり、この意味で、上記のような視点が重要であることは間違いない。ただし、この視点は、ともすれば「勤勉」が望ましく「怠け」は問題だとする「中央」の論理をそのまま受け入れて、「中央」の論理が作り出している人間観を認識のなかに持ち込んでしまうし、「怠け者」は排除するという世間の論理を踏襲してしまう。寄せ場労働者や野宿者に対する福祉行政の保護・援護事業は、受給対象者に絶えず「勤勉」であることを要求する傾向をもつが、支援の世界にも同様な論理が持ち込まれることにもなる。附言すれば、労働者の世界のなかでも同様の論理は根強いと思われる。毎日のように仕事に行けて安定した収入を得ている労働者から、「野宿者は怠け者だから、支援なんかしたら余計怠け者になる」という類の発言を何度となく聞いたことがある。世間の差別的な見方に対抗する上でも寄せ場労働者や野宿者の生活世界を描くことは重要だが、「中央」の論理の問題性を撃つという視点からむしろ重要なのは、「怠け」のもつ異議や重要性と「勤勉」のもつ問題性を多面的に考察しようとすることである。このことは、寄せ場という「周辺」で生きる人たちの労働と生活から、「中央」の問題性を捉えるためのどのような視点を見いだせるかという課題に通じている。

2つの課題

水野は、釜ケ崎で日雇労働をするようになって一番驚いたこととして、先輩の労働者から「そんなに働いたらアカン」と言われた経験を挙げている。「わしらはサラリーマンと違って、一生懸命やったからって、ボーナスがあるわけやない。自分の体《からだ》だけが財産なんやから、体をこわさんようにすること。一生懸命やっても、チンタラやっても一日の日当にかわりはないんやから、チンタラヤラなアカン。若い者が一生懸命やったら、会社側はそれを基準に捨て、年寄りにも同じことを要求してくる。楽なほうを基準にせなアカンのや」（水野 1997、10頁）。この楽なほうを基準にするという発想、言い換えれば、弱いものの視点にたって考えるという発想がかれを驚かした。水野は、寄せ場では、仕事中毒として他人の失業などには無頓着で「一生懸命働く」人もいれば、他人のことを考慮し、限りある仕事を分けあって必要以上に働かない人も多くいるという現実を紹介し、「一生懸命働く」ことの問題性を提起している。と同時に、日雇として生きることの意味を探求している。

これまでの記述から示唆されているように、「勤勉」と「怠け」の捉え直しは、労働と生活の意味および労働概念の再検討という課題に通じている。これらの課題は、異常なまでに労働社会として現出し、「勤勉」性が求められている今日の社会全体を考える上できわめて重要なものであろう。寄せ場研究でも、「労働規範も含む労働というカテゴリーの内実は資本によって決定されており、この点を認識していないと資本が作り出した労働をめぐる差別の構造が認識や運動のなかに持ち込まれてしまう」という指摘も含め、労働概念の再検討という課題はかなり以前にすでに提起されていたものであるが、この面での研究は大きく立ち遅れてきたといえる。

労働概念の再検討

労働概念の再検討は２つの課題に大別される。１つは、「中央」の論理として、資本や国家による上からの労働概念あるいは労働カテゴリー化の内実を問う作業でもある。もう一つは、「怠け」のように、資本や国家によって否定的に意味付与されてきたもの、したがってわれわれの「常識」的感覚からしても好ましくないものとして意味付与されているものの意義や重要性を探ることである。資本や国家によって排除されてきたもののなかにこそ、それらの論理を撃ち、乗り越える視点が見いだせると言えよう。先の水野の指摘は、資本の要求するようには「勤勉」でなく、その論理に抵抗して「怠ける」ことは、自己の労働力を維持管理する上でも、仕事仲間の雇用や賃金を擁護するという意味でも、重要であることを示しているものである。資本の論理は、激しい競争に打ち勝ち利潤を追求するために、出来るだけ労働力を酷使しようとする傾向をもつ。特に日雇という雇用形態では、資本は労働力の再生産を保障する必要がないため、労働力の使い捨てが可能になる。日雇労働の現場は、資本の論理と労働者の要求が最も鋭く対立する場の一つである。また、日雇労働の現場は三Ｋ（きつい、汚い、危険）労働の代表的なものとして、肉体的にきつい労働である場合が多い。このため、毎日就労することが困難な場合も当然出てくる。このため、適当に仕事を休んで休養することは、肉体の疲労を回復させて次の仕事に備えるための合理的な対処であるという側面もある。われわれに「怠け」とみえる現実や行為には戦略上の重要性が多々含まれていることに留意が必要である。

資本や国家による労働概念や労働カテゴリーについては、加藤や雑賀の論考がある（加藤１９９３　雑賀１９９３）。加藤は、西欧社会における近代社会の形成過程で「勤勉なる労働」カテゴリーが登場したことを見ている。それは、正しい貧しさと誤った貧しさまたは真の貧窮者と偽りの貧窮者というように、労働倫理によって人間を差異化する規範である。「勤勉」や「怠け」は絶対的な枠組みではなくて、ある規範との関係で作られる。雑賀は、日本の近代社会への移行が、産業社会の労働規範にとって効率のいい身体＝労働に適応する身体の質への配慮と労働規範への馴致《じゅんち》の過程であったことをみている。それは、農業の論理が工業の論理に征服される過程であった。雑賀は、有用な身体を創出していく手段としての保険衛生と時間の身体化に着眼しつつ、その過程を描いている。いずれも、上からの労働カテゴリーがある時期に強力に押し進められた歴史的・文化的源泉をもつ点に留意し、その問題性を起点から捉え返そうとしたものである。また、「中央」の論理である文化や価値観に言及した関連する研究として、「会社文化」や「自業自得意識」に着眼した平川のものが挙げられよう（平川 1993）。以上の労働カテゴリーや文化についての諸研究は、それらの問題を直接寄せ場との関連で論じたものではないが、このような作業を踏まえつつ、上からの労働カテゴリーや文化が寄せ場や日雇そのものをどのように位置づけてきたかについての検討が問われよう。広く言えば、資本主義社会における人間配置と寄せ場労働者の問題である。

「怠け」の意味を思想化・体系化していくことは資本や国家による労働カテゴリーを解体させ、寄せ場労働者の労働と生活の意味を問い直し、ひいては社会全体のありようを考える上で重要性が高いが、寄せ場を基点とするこの面での研究はほとんど手付かずといっても過言ではない。寄せ場の厳しい現実を踏まえながら、寄せ場を基点として、つまり寄せ場労働者の労働、生活、声から労働者の視点としての「怠け」の意味を探求し、社会の支配的な論理を捉え返す視点や思想を構築していく作業の蓄積が問われよう。むろん、労働の意味を問い直す作業は、寄せ場研究に限らず、多面的な側面から検討が行われてきた。例えば、「組織的怠業」や「人間の本質は非労働である」といった戦略や論点を今日的な文脈とも関連させながら捉え直して見るといった課題が想起される。

ところで最後に、「周辺」からの思考を強調する場合、「周辺」そのものの問題性をどのように捉えるかという問題がある。「周辺」からの思考に対して、「社会やわれわれのことばかり問題にするのは不公平であり、野宿者や寄せ場労働者、外国人にも問題がある」という類の反応は根強い。「周辺」からの思考は、「周辺」におかれている人を「美化」したり「主人化」したりするものではないが、ここでは、社会を変えていくという社会学的な実践課題を想起した場合、まず、どのような問題領域に着目するべきか、並びに、なぜそんなに「周辺」の人々の「問題」を見ようとするのか、この問題提起だけをしておこう。

第3章

ボランティアという行為
―ホームレス支援の経験から

「現代世界をトータルに見ることをやめて、矛盾がしわよせされている末端の部分において、とりあえずボランティアでもやって、自分も心地よくなり、相手にも感謝され、小さな満足を得てますます現状肯定に埋没する…そういう一種の思想的、行動的引退としての、あるいは良心の痛みを和らげるアヘンとしてのボランティアもある」

（花崎皋平『アイデンティティと共生の哲学』）

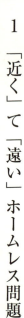

1 「近く」て「遠い」ホームレス問題

3年近く前に「開発教育」に関する全国研究集会に参加し、日本のホームレス問題について話をしたことがある。一般に「開発教育」は世界に遍在する貧困問題の理解と貧困を軽減・改善するための実践的な活動の推進を目的とする教育ととらえられる。ホームレス問題は、労働問題や社会保障制度など日本社会の仕組みが深く関わる現代の貧困問題であり、この意味では、ホームレス問題も開発教育が扱うべき重要な問題と位置づけられるべきものであろう。ようやく第一八回を数えた2000年開発教育の全国研究集会で初めてホームレス問題が取り上げられた。日本人の貧困問題に関する関心や目は、全体的に、国内に存在する問題よりもむしろ国外のものに多く向けられてきたように思える。アジアをはじめとする第三世界地域に対する開発援助や国際協力に関する活動や議論が、日本の貧困問題に比べてはるかに活発に行われてきた、と言ったら言い過ぎであろうか。

ジョン・フリードマンは、貧困問題に対する見方に関して、「豊かな」国・地域の一員である私たちに内省を迫る問題提起をしている。「先進国の貧困問題より貧しい国の貧困のほうが、その貧困の構造的特質については正しく認識されている。経済的に豊かな先進国のそれは、道徳問題として見なされるからである。しかし今やこの便利な見方を問い直すべきではなかろうか？この問いは政府の政策に対しても意味を持っている」（フリードマン１９９６、２４５頁）。ホームレス問題は、その社会的背景や構造的問題にはあまり目が向けられず、勤労意欲に欠ける特殊な人たちの問題とみられがちなものといえる。

かくいう私も、日本のホームレス問題に関心をもったのは１９９０年代に入ってからのことである。それまでは、日本国内の貧困問題や社会問題に強い関心をもっていたわけではなく、もっぱら東南アジアの貧困や開発に目が向いていた。90年代のはじめ、私は名古屋市の郊外に住んでいたが、たまたま新聞紙上で、「〈笹島〉体験プログラム」の記事を目にした。それは、名古屋の日雇労働者で野宿を余儀なくされている人たちの生活や問題状況を見学・体験し一緒に考えてみませんか、というプログラムの案内であった。おそらく、それまで全く無縁であった日雇や野宿といった世界に少しでも触れることで、何か刺激的なものが得られるかもしれないという期待もあって、このプログラムに参加したわけである。フィリピンやタイで何度かスラムを見てはいたが、名古屋においてほとんど中高年の男性ばかりが一杯の雑炊を求めて並んでいる光景には、かなりの驚きがあった。また、炊き出しの場所は普段時々利用する地下鉄名古屋駅構内であった。この炊き出しの場所も野宿している人たちが寝泊まりしている場所も、自分の生活空間からそれほど遠くないところで、こんな「近い」ところにこのような現実があったのか、と驚いたことも覚えている。以来、支援活動にボランティアとして関わりながら、ホームレス問題について考えるようになった。

ホームレス問題は、ごく身近に存在するものでありながら、これまで多くの人の視界の外に置かれてきまた。むしろ、身近な問題であり、向き合い方が難しい問題であるからこそ、避けられてきたという方が現実に近いのかもしれない。もっとも、90年代のはじめに比べれば、ホームレスに関する関心が大きく高まっていることは間違いない。政府・自治体レベルでの対策は急展開しているし、マスメディアでもホームレスを取り上げることはめずらしくなってきた。しかし、ホームレス問題の理解が社会的関心の高まりに比例するかたちで進んでいるとは思えないし、ホームレス問題を通じて日本社会の仕組みや私たち自身の問題性を自覚的に問おうとする姿勢もまだまだ足りないと感じる。

私は数年間、週2～3回支援活動に関わりながら、いろいろなホームレスの人々や日雇労働者と出会ったわけだが、それらの体験は、この社会の差別性とその一員である自分自身の問題性と、支援という行為の難しさを強く感じさせてくれたという意味で、非常に貴重なものであった。支援活動を通して、ホームレス問題のような「近い」貧困問題に向き合いながら、自己の考え方や価値観の相対化を図りつつ、社会や私たち一人ひとりのあり方を問い続けていくことが重要であるとの問題意識が強まった。そして、貧困に直面している人々に何をしたらいいのか、何ができるのかを考えるためには、貧困問題の背景にある社会の問題性をトータルにとらえる視点をもつとともに、自分自身の差別意識や加害者性を絶えず内省していくことが不可欠であると強く感じた。この章では、おもに支援の活動を振り返りながら、ホームレスと「私たち」の関係性について考えてきたことを問題提起したいと考える。

2　問題意識の原点

ホームレス支援活動に参加して、まず感じたのは「楽しさ」の感覚であったように思える。野宿を余儀なくされるほど生活に困窮し、行旅病死してしまう人もいるなど、きわめて厳しい生活状況に直面しているホームレスは少なくない。そういう深刻な状況に直面している人々を前にして、支援が「楽しいとは何事か」といわれるかもしれないが、そう感じたのは事実である。わずかだけれども人の役に立つ活動をしていることを直接感じることができたこと、ほとんどの市民が関心をもたず何もしない状況下で何か特別な活動をしているというある種の自負、支援の世界で出会った人たちにユニークで魅力的な人が多かったこと、こうしたことが絡み合いながら、

「楽しさ」を感じていたように思う。「楽しい」という感覚のもとでは、「かれら」との関係性を問題視することも基本的にはなかった。

「かれら」との関係性を問題視する意識が強くなったのは、支援活動に「疲れ」を感じたことが大きな一因であった。なぜ「楽しく」感じ、そして「疲れ」たのか。

ホームレスに対して、いわゆる市民社会というものが、差別や排除といった言葉をたびたび使わざるをえないような冷たく陰湿で攻撃的な要素をもっていることは否定できない。この背景には、解放的な自己の生を追求しえていない人々が存在することが大きく関係していると考えられる。差別や排除という意識や行為がもつ大きな機能は、社会的「敗者」との関わりを通して、自己の生の現状肯定化を図ることである。それは、一般的には、市民社会のなかで絶えず感ずるような我慢や鬱積を、より弱い他者に攻撃的な形で向けるということを意味している。そして時には、排除という露骨な行為を通して、自分の「市民性」を確認したいという強い衝動が生まれるのかもしれない。若者による「浮浪者」への襲撃など、暴力による排除はその究極の行為といえるであろう。

支援活動に関わることによって、市民社会の差別性や加害者性をよりリアルに感じることとなった。しかし同時に、そうした差別的な社会の一員である自分自身の問題性にも向き合うことを迫られた。時に社会的「敗者」との関わりを通して「市民性」を確認し現状に満足して「楽しんでいる自分」がいた。時に支援という行為に関わることで差別的な社会の一員であることから免罪されているように感じる自分がいた。しかし、支援に継続的に関わるなかで、感謝されることに「楽しさ」を感じつつも、行っている行為が果たしてホームレスを取り巻く問題状況の改善につながっているのか、支援にも差別的な論理が含まれている場合があるのではないか、といった疑問にしばしば出くわすこととなった。

支援の意味は、何よりも支援される側の視点から絶えず問われなければならない。支援活動の意味を、絶えず原点に立ち戻って批判的に議論していくことが必要である。そしてそのためには、社会の問題だけでなく、自分の差別意識や加害者性についての内省や自覚が不可欠であろう。支援活動への関わりを通して感じざるをえなかったこと、それは、支援活動が時にもつ安易な「楽しさ」であり、難しさであった。そして、支援の難しさが少しみえはじめ、現状の深刻さと支援活動における自分の非力さを痛感したとき、ある種のいらだちと「疲れ」に似た感情が前面に出てきたように思われる。

以下、支援の社会的意味や難しさについて考える。ここでの主眼は、被支援者との関係性に留意しつつ、支援のあり方や問題性を論理的なレベルで検討することである。したがって、支援活動の内容そのものを検討しようとするものではない。この理由は、支援活動への参加を通じて感じざるをえなかった自分自身の差別意識や加害者性という問題を、まず論理的に位置づけ内省しておきたいというのが、ここでの問題関心としては大きいからである。

私が関わった支援活動としては、「医療相談」「福祉事務所への付き添い」「病院・施設訪問」「炊き出し」「夜回り」がある。関わった当時の活動内容について、簡単に触れておきたい。

炊き出しは、名古屋駅周辺と栄の2カ所で週に2回、夜に行われていた。医療相談は、炊き出しの時と毎週日曜日の計週三回行われており、おもに健康面での相談を受ける。応急処置を行いながら、ケガや病気で受診が必要と思われる場合には、福祉事務所への相談を勧める。相談者の多くは健康保険に未加入なことや財政的な理由により自力で病院に行けない状態にある。福祉事務所への付き添いが必要だと感じられる背景には、時に福祉事務所が相談者に対してまともに相談に応じないなど差別的な態度をみせることや、相談者の多くは生活保護の制度についてあまりよく知らないことなどがある。病院・施設訪問は、福祉事務所を通して入院や施設に入所した人たちを定期的に訪問し、そこでの状況や問題点を聞いたり、励ましたりすることがおもな目的である。求職活動も含め、退院、退所後の生活についての相談に応じる場合もある。夜回りは週一回深夜、ホームレスが野宿している現場を見回り、かれらが直面している諸問題を把握するほか、お茶（寒い時にはカイロや毛布）の配給、炊き出しや医療相談についての情報提供をおもな目的としている。たびたびホームレスがシノギ（路上強盗）に襲われるという状況があり、夜回りの必要性を強くする一因となっていた。

3　支援が目指すもの

私たちが支援の目的や方法を考える場合、福祉的な対応との対比で、その独自な意義を論じる場合が少なくない。福祉的な対応とは、物質的な援助は行うが、「支援する主体」と「支援される受け手」の序列的な関係を前提にしたままで変えることはなく、むしろその強化につながってしまうような対応関係を象徴的に意味している。日本最大の寄せ場・釜ヶ崎で支援に携わっている人たちがまとめた『釜ヶ崎の風』（釜ヶ崎キリスト教協友会編）では、支援のあり方について非常に重要なことが凝縮されて述べられている。

目指すべき支援が、福祉行政の不十分さを補うだけでなく、それとは異なる、あるいは、それを超える独自の方法、目的をもたなければならない点については、次のように表現されている。「哀れみと同情をベースにした福祉的な対応」ではなく、「弱者と呼ばれる人々の人権と秘められたパワーに対する尊敬を土台にした社会正義の面からの対応」が必要であると。また、これと関連する福祉的な対応の問題は、「福祉的な活動だけが先走って活発になればなるほど、与える側と受ける側というおかしな位置関係ができ上がってしまう。正義の感覚を忘れた善意？は、人間の《立ち上がる力》を萎えさせ、仲間同士の連帯を分断し、弱い立場の人を、本当に『弱い人』にしてしまうだろう」（144頁）ととらえられている。

支援活動に従事する人間がもつべき認識としては、活動する人間自身が、活動を通して成長していくことであると述べられている。援助すると同時に、そのかかわりの中で私たちも成長していくものでなければ意味がない。したがって、援助される側の主体性を増大させると同時に、援助する側の成長も可能とするような運動の必要性が強調されている。そして、支援が、ともすると対症療法的なものにとどまり、根本的な解決を目指す闘いになかなか発展しにくいという問題が十分認識されるなかで、最終的な目的が述べられている。それは、「真の連帯」（貧しく抑圧されている人々が築きあげようとする連帯に参与することを私たちの目標としつつ）に基づき、抑圧と正義に反する闘いに参加していくことである。そして、この真の連帯に行くまでのプロセスが定式化されている点も興味深いものがある。それは、苦しみの共感、共感からの救済活動を経て、連帯へと進むものである。「貧しい人々の力を理解し、貧しい人から学ぶ姿勢」、「貧しい人々に対する幻滅と当て外れという危機」からなるロマンシズムの連帯を経て、最終的に、真の連帯へと行き着く（239—266頁）。

目指すべき支援とは、支援される受け手の主体性を増大させるとともに、支援する側の人間を成長させ、そして両者の連帯に基づいて、社会の矛盾や不正の構造を変えていく活動である。支援される受け手の主体性は、自立という言葉で語ることができる。自立とは、被支援者が窮状や直面している諸問題を自分自身で変えていこうとする姿勢と能力が拡大していくことを意味する。支援する、支援されるという関係を媒介としながらも被支援者の自立をいかにして促すことができるのか、この問題は支援のあり方をめぐる議論で中心的な論点をなすものである。支援する者の成長は、私たち自身の差別意識や加害者性の対象化、自覚化、内省を出発点とする。そしてそれは、被支援者との出会いや交流を通じて、また社会の矛盾や不正の構造を変えていくための活動に参加することを通して、みずからの価値観を相対化していき、自分を変えていくことを意味している。

以上のような問題意識を視野に入れつつ、支援のあり方を具体的に検討することが問われる。私自身の支援活動との関わりを思い起こすと、前記のような論点はある程度意識していたと思うが、言うは易し、実行は難しいということを感じてきたとともに、時に、ホームレスの自立ということをほとんど意識にも留めないなかで自己満足に浸っている自分を見出したり、支援するという行為もホームレスに対する差別意識と無縁ではなく、あるいはまた支援がそうした心的作用を強化する場合すらあるのではないかという疑問を感じることがあったことを否定できない。ここでは、エスニシティを媒介とした差別する側とされる側の関係性についての花崎皋平の思想的、哲学的考察（『アイデンティティと共生の哲学』）にも依拠しつつ、ホームレスへの支援を通して自分自身意識せざるをえなかった問題や心的変化をおもな題材にして、支援の問題性をいくつかの側面から考えてみる。

4 支援の楽しさ

支援活動への参加を通してまず感じたのは、既述したように「楽しさ」の感覚であったように思う。この「楽しさ」は何に基づくものであったのか。それは、閉塞的な世界で成立しうる自己満足に基づく「楽しさ」が大きな部分を占めていたと考えられる。たとえば、ホームレスの世界の一端を垣間見て「おっちゃんたちは思っていたよりもやさしかった」と感じ、それまで未知であったものを理解したような気になる「楽しさ」、ごく小さな親切を行って相手から感謝される「楽しさ」など。総じていえば、それらは、支援されるホームレスと支援者としての自分という序列的な関係を前提にして成り立つもので、支援者の立場にいられる自分という存在を確認する心的作用に付随して生じる感情ともいえるであろう。この種の安易な「楽しさ」を成立させる支援の世界とは、支援されるホームレスの自立とか、自分自身の差別意識や加害者性、そして社会の不正といった諸問題を認識せず視野の外に置いてしまう閉塞的な世界である。これは、花崎が、「アヘンとしてのボランティア」と厳しく表現していたものと性格を共有する。「現代世界をトータルに見ることをやめて、矛盾がしわよせされている末端の部分において、とりあえずボランティアでもやって、自分も心地よくなり、相手にも感謝され、小さな満足を得てますます現状肯定に埋没する…そういう一種の思想的、行動的引退としての、あるいは良心の痛みを和らげるアヘンとしてのボランティアもある」（２８９頁、傍点は花崎）。

支援に関わることの「楽しさ」は、社会的「敗者」との関わりを通して「市民性」を獲得ないし確認したいという心的作用と連動するもので、こうした「楽しさ」は、支援という活動を支える基盤ともなりうる。この場合の支援を通じた「楽しさ」は、結局のところ、支援する人間であるとの自己規定に基づいた、支援される者に対する優越感や満足感に由来する類のものである。支援は、支援者の好奇心を満足させ、優越感を助長する側面をもつ場合がある。そして、優越感が、支援する・されるという序列的・固定的な関係を媒介とする以上、それは、顕在的か潜在的かはともかく、支援者の被支援者に対する軽蔑心さえも助長する危険性をもつ。

5　「市民」に対する意識の問題

支援との関わりを通じて感じやすい優越感は、被支援者に対するものに限定されるわけではない。自分の場合、一般の「市民」ができないことをしているという意識をもつことで、一般の「市民」に対する優越感もあったように思える。

ホームレスの視点から社会を見ると、社会の矛盾や不正の構造がよくみえてくるようになるのは確かである。社会からの排除や攻撃がホームレスを追い詰めているのに、なぜ一般の「市民」は無関心を装い何もしようとないのか、そして差別意識をもち続けるのか。この種の不満や怒りが、支援活動を支える強い言動力のひとつとなっていることもまた確かであろう。しかし、支援に関わるということが、次のような意識を醸成しやすいという点にも留意が必要である。それはつまり、支援している自分は一般の「市民」とは違う存在だと感じる意識、ホームレスを追い詰めている市民社会の加害者性から自分は免れているのだという意識である。何もしない一般の「市民」は自分より劣っているようにみえた。というよりむしろ、そう思いたいという意識があったといったほうが正確かもしれない。これは、ホームレスとの関わりを社会的な威信のために利用しようとする心的作用とも関わるものであろう。こうした欲求をそれなりに満足させるもっとも容易な方法は、非難されるべき諸点をみつけ、それを根拠に、自分とは違う一定の「市民」像を作り上げることであった。

私にとって、この問題を意識せざるをえなかった象徴的な体験は、炊き出しの現場におけるものであった。炊き出しの現場は、多くの通行人が通る地下鉄名古屋駅構内であり、数人の地下鉄職員が通行人の妨げにならないように見守るなかで、炊き出しは行われていた。私はこの炊き出しの現場にいる間、たびたび通行人の視線や態度を観察していた。暴言を吐いたり、からかいの態度を見せたり、蔑んだ目で見るような通行人は少なくない。内省したいのは、こうした現実を根拠にして、しょせん一般の「市民」は差別的なあの程度の人間であると、一般化しようとする心的作用があったことである。自然な対応とも思える、「驚く」、「ぎょっとする」、「覗き込む」などの態度や行為も、無知で愚かな「市民」像を固定化するのに一役買う場合があった。つまり、いろいろな材料を根拠にして、「市民」を異人視し、異人としての「市民」を捏造しようとする心的作用があったといえる。逆にいえば、支援にごく断片的に関わっている程度で、自分を「良識ある市民」と驕っていたのだろう。自分自身、雑炊を食べている姿を哀れみや蔑んだ目で見ている場合があったことを否定できない。にもかかわらず、たびたびホームレスと「市民」が言い争う場面に出会った時には、ことの真意を確認するまでもなく、ホームレスの側に立ちたいという思いに駆られるのが常態でしあった。お互い冷静に話し合えば、ホームレスが置かれている状況に対する「市民社会」の理解を高めることに通じたはずなのに、「市民」の差別的な言動に対する私たち支援する側の過剰ともいえる反応が、無用な対立やトラブルを強めてしまった、と感じたこともある。

「市民社会」の加害者性を問題視して闘っていく姿勢は重要である。しかし、支援しているということ自体は、決して自分自身の差別的意識や「市民社会」の一員であるという加害者性を免罪させるものではないし、自己の優越感との関連で生起しやすい「市民社会」への非難は、自己内省へと立ち返らせる内的契機につながらない。差別や加害者性というイメージに基づく「市民社会」に対する過剰な敵対意識が醸成されることにもなりかねない。この種の意識をともなう支援が、私たち（ホームレスと支援者）対「市民社会」という対立図式を強め、社会の状況をホームレスにとってより住みにくくさせてしまうという場合もあることに自覚的でなければならないと思える。

6　被支援者の「美化」と「主人化」

花崎は、「差別に鈍感ということは、相手について知らないことではない。自分を知らないということが問題の核心である」（177―178頁）と述べている。花崎自身、アイヌに対するある差別発言をきっかけに差別問題についての無知を痛感したことが、差別問題への取り組みを促す転機になった経緯をもっている。私たちの多くは、ホームレスに対する自分自身の差別意識や加害者性に無知であり、知ろうともしないし、鈍感である。たとえ、私たちの属している社会のホームレスに対する排除や加害者性の一端をみたとしても、個人としては差別も加害もしていないと責任や内省を感じることがないのが普通なのかもしれない。この点、支援に関わることは、差別意識や加害者性を自覚化させる主要な契機となる。そして、この自覚化は、個人としての差別意識を抱えながら差別する集団の一員であるという自分とホームレスとの関係を、序列的な上下関係から、平等で共生的な関係にいかに変えていけるかという実践的な課題への問題意識に通じる。「非対称の関係において加害の側に立つものとして、過去、現在の加害の罪、他者に受苦を強いている存在のありかたにどう対処したらよいか。その罪悪感は解消可能か。可能でないとすればどうなるか」（90頁）がこの問題意識の核心をなすといえるであろう。

花崎は、こうした問題意識の重要性を強調しつつ、被差別者の人権擁護や生活向上に連携する活動の足元に生じやすい問題性を鋭く指摘している。それは、「自己の贖罪意識のうらがえしとしての被差別者の美化であり、「被差別者の主人化」という問題である。被差別者の「美化」「主人化」とは、被差別者が社会から差別され抑圧されてきた事実を重視するあまり、またそうした社会の一員であることの自己の責任を罪悪視するあまり、被差別者の贖罪のために無条件に奉仕しようとする心的作用を指す。

支援活動への参加を通して、ホームレスが社会の矛盾や不正の犠牲になっている現実と野宿生活の厳しさを知り始め、同時に、自己の差別意識や加害者性を自覚していくと、「かわいそう」なホームレスに対して「申しわけない」という思いに通じていく場合があると思われる。私自身たびたび直面し感じざるをえなかったのは、ホームレスに対して個人的な意見をぶつけることがなかなかできなかったことである。勤労意欲に乏しく、社会の状況を変えていくことにはあまりにも消極的で、ただ与えられるものを受け取っているようにみえるホームレスとの出会いがあった。自立や共生や連帯といった問題にほとんど関心すらもっていないようにみえるホームレスに幻滅を感じたこともあった。そうした場合でさえ、かれらに意見をぶつけることができなかったことには、社会から差別され抑圧されてきた人々に対して、その社会の加害の側に立ってきた自分あるいは支援の立場にいられる自分が意見を言うことへの躊躇と畏れがう。個人的な意見をぶつけることが、自分の差別意識や加害者性の問題に立ち戻ってくることへの危惧も関係していたかもしれない。

いずれにせよ、加害の側にいること、差別する集団の一員であることの自覚化は重要であるが、その面が過大に意識されてしまうと、被害者、被差別者としてのホームレスを祭りあげ、贖罪のための行為が優先されてしまうことにもなってしまう。そして、この種の行為は被支援者の自立を助長するどころか、被支援者を堕落させる内在性を有する。被支援者を「美化」し「主人化」することは、「…無意識裡に自分を義人化する偽善をうみだし、まつりあげた相手をも堕落させるおそれがある。すなわち、恨みつらみ《ルサンチマン》を人間的共感の広さ、深さへと転換し、普遍的な解放へ向かって自己変革を行うことを、被差別者にもとめるという対等性にもとづく尊敬をはらわないことで、現象的には持ち上げ、真実においては自分本位に利用するのである」(90頁)。

ホームレスとの関係性を内省し問い直して行く場合、それぞれ差別する側とされる側に属しているという社会的現実の規定性や制約性を直視しつつ、しかし同時にすべての人間がそれらの規定性や制約性から独立した自由な側面をもつ存在であることに尊敬を払い、個人的な出会いの中でお互いの意見や本音をぶつけあいながら、ともに考えていく姿勢が問われるであろう。「ホームレスは社会の犠牲者なのだから非難されるべきゆえんはない」との一様な「善良なホームレス」的な思い込みも、「差別的な社会の変革という課題に十分取り組んでもいないものはホームレスに意見を言う資格などない」的な発想も、人間的共感の広がりや深まりを閉ざしてしまい、ホームレスと私たちの序列的な関係の温存に通じてしまう恐れがある。「〈笹島〉体験プログラム」へ参加したことをきっかけに少しでも支援活動に関わろうと思ったことの背景には、寄せ場や野宿者の問題それ自体に対してよりもむしろ支援に携わっている人たちが何を考え、何を目指しているかについて強い関心を持ったことが大きかったように思う。支援の世界はそれまで自分の見てきた世界とは異質の価値観や原理によって構成されているようにみえた魅力的なものであった。また、それまで、社会の底辺的な位置にいる人たちに対する自分自身の差別意識や加害者性といった問題を考えることはほとんどなかった。体験プログラムの反省会で、ある参加者が「支援者と炊き出しに並んでいる人（ホームレス）はずいぶん仲の良い関係のようにみえたが、そんなことでいいのだろうか」というような発言をしたが、私は正直いってこの発言の趣旨がよく理解できなかった。

支援を通してのホームレスとの出会いは、一方で、私に自分の差別意識や加害者性の自覚や内省を迫るものであった。しかしそれは他方で、支援によって得られる自己満足的な感覚がそうした問題意識を薄れさせる側面をもつこと、そして支援という行為自体にも加害者性が存在する場合があることを時に感じさせるものであった。私は、さまざまな社会的局面において行われている支援活動やボランティア行為の大いなる貢献性を否定する気持ちはまったくない。ただ、そうした活動や行為がもつかもしれない問題性に自覚的であるべきだとは考えている。

本論は、ボランティアという行為の社会的な意味と問題性をホームレス支援の経験をもとに考えてみたものである。もちろん、私たち一人ひとりが問われているより普遍的な課題は、差別的な社会の一員として、底辺的な立場に追いやられているさまざまな人々との関係をどのようにとらえなおし、どのような関係を作り上げていくかということである。

Ⅱ　社会問題と向き合う

第4章　日本におけるホームレス問題

「雑踏のなかにうずくまる野宿者の一滴の泪に気づかない
社会（科）学にいったい何が出来ようか！　思いは激しく、
理念は深く、理論はしたたかに」

（青木秀男『寄せ場労働者の生と死』）

はじめに―世界に遍在する問題

２００４年にバークシャー出版グループ（Berkshire Publishing Group）とセージ出版（Sage Publications）の協力により、Encyclopedia of Homelessness（編集代表は David Levinson）が刊行されている（邦訳『世界ホームレス百科事典』２００７年）。本書は、アメリカに主な焦点を当てながらも、世界各国のホームレスに関する情報や知識を集約したものである。１７０にも及ぶ見出し語についての丁寧な解説と20を超えるコラムを読み、収録されている膨大な数の文献を眺めれば、ホームレス問題は非常に複雑なトピックであること、そして、解決が喫緊の課題として多様な研究分野の専門家が注目している問題であることが理解される。ホームレス問題はどこにでも遍在するまさに世界的な問題である。

日本では、１９９０年代初め頃から、公園や河川敷などの路上で暮らす人々が増え始め、ホームレスの存在が可視化した。概ね２０００年代中頃まで、日本のホームレスの圧倒的多くは、50歳を超えている男性で構成されてきた。若者、女性、家族のホームレスがほとんど見られなかった点は、他の国の事情とは大きく異なる日本的な特徴と言えるであろう。

ホームレスは、様々な面で社会的に不利な立場に置かれている。このような人々にどのように向き合うかで、社会の寛容さや理性の程度、あるいは社会的な問題を解決する能力といった、その社会の政治文化の特徴がある程度明らかになる。個人的なレベルでも、ホームレスの存在は複雑な問題を投げかける。一般に、ホームレスは忌避される傾向が強く、また、多くの人々にとってやっかいな存在とみなされる。なかには、ホームレスに対して強い拒否感や憎しみを抱く人がいる。しかし一方で、ホームレスの存在は、社会的に不利な立場に置かれている人々への道徳的な責任という、回答を見出すことが難しい問題を提起している。

厚生労働省のホームレス全国実態調査結果を参考にすると、ホームレスの数は1990年代に増え続け、2003年頃にピークを迎える（約26,000人）。その後、政府・自治体の自立支援事業が進められるなかで数は減少に転じ、2012年では約1万人、最新の2015年では約6,500人となっている。本論では、1990年前後から2000年代中ごろまでの時期の日本のホームレス問題を振り返り、その特徴を整理する。ホームレス増大の背景やかれらが直面する諸問題に触れながら、ホームレス問題の視点から日本社会全体の構造や問題点を考えたい。

1　ホームレス人口の規模及び構成――「狭い定義」による把握

厚生労働省は、２００３年1月から2月にかけて初めてのホームレスの全国実態調査を実施した。前年２００２年の「ホームレスの自立の支援等に関する特別措置法」の制定を受けて、施策の効果を図るための実態調査として、統一した調査方法により同時期に３，２４０の全国すべての市区町村を対象にして実施された。調査方法としては、まず、全市区町村において目視によるホームレスの数の調査が行われ、次に、約２，０００人を対象にして面接による生活実態の調査が行われた。目視調査によると、総数は２５，２９６人で、その性別の内訳は、男性２０，６６１人（81・７%）、女性７４９（3.0%）、不明３，８８６（15・４%）である。不明の者が３，８８６人いるが、これは目視調査のため、防寒具を着込んだ状態等により性別が確認できなかった場合が少なくなかったことによる。ホームレスが１，０００人を越えた都市は３つ（括弧内の数値は全国数に対する割合）で、多い順に、大阪市６，６０３人（26・１%）、東京都23区５，９２７人（23・４%）、名古屋市１，７８８人（7.1%）と続く。この３地域に全国のホームレスの半分以上が集中している。生活実態調査から年齢別状況をみると、平均年齢は55・９歳、年齢階層は、「55～59歳」が23・４%、「50～54歳」が22・０%、「60～64歳」が20・３%であり、

50～64歳人口が全体の約65％を占めている。

２回目の調査は、２００７年１月に実施された。調査方法は前回と同様である。総数は18,564人、性別内訳は、男性16,828人(90・6％)、女性616人(3.3％)、不明1,120人（6.0％）である。ホームレスが1,000人を超える都市は２つで、東京都23区4,213人（22・7％）、大阪市4,069人（21・9％）であった。平均年齢は57・5歳で、年齢別状況は「55～59歳」26・8％、「60～64歳」21・2％、「50～54歳」15・9％で、「50～64歳」が全体の約64％を占めている。一回目の結果と比べて、総数は6,732人減少し、平均年齢では1.6歳増大している。

２回の全国実態調査はいずれも２０００年代に入ってから行われたもので、90年代の状況について詳しいことは分からない。しかし、行政、ホームレスを支援する団体、研究者のグループが大都市を中心とする各地域で行ってきたホームレスの実態調査の結果を総合的にみると、日本におけるホームレス人口は、90年代に増加し続けて２００３年ごろにピークを迎え、その後漸減してきたと、大まかに捉えることが出来る。

ホームレスの数はピーク時の２００３年で約26,000人である。同年の日本の総人口は約１億３千７００万人である。この数値だけを見れば、日本のホームレスは総人口の０・０００２％に満たないもので、ほんのわずかな一部の人たちの問題と見えるかもしれない。

また、例えばアメリカの90年代のホームレス人口については数十万人とか数百万人という数字が報告されているが（上記の百科事典参照）、このような数字を単純に比較すると、日本のホームレスは国際的に見ても非常に少ないと思われるかもしれない。この点については、ホームレスについての定義の問題が大きく関係する。日本の厚生労働省は、ホームレスを「都市公園、河川、道路、駅舎その他の施設を故なく起居の場所として日常生活を営んでいるもの」と非常に狭く定義している。このように定義される路上のホームレスは、「定まった住居を欠き、人間の生活にとって適切とはいえない所に住んでいる状態」にあるホームレスの一部を構成するに過ぎない。日本で言えば、簡易宿泊所、緊急避難所、カプセルホテル、主に建設労働者を収容する飯場、ネットカフェのような不安定な住居に暮らす人々も、基本的にはホームレスである。そのような人を含めると、日本のホームレス人口は数十万、あるいは100万を越えると推測される。

ここで重要なのは、日本の場合、路上で生活する人々の存在だけが専らホームレス問題として問題化されてきたことである。行政がホームレスを路上のホームレスに限定して定義づけ問題視してきたことも影響し、路上生活を超えるより広い視点でホームレス問題を捉える議論や取組は全体的に希薄であった。

2003年および2007年調査から、ホームレスの生活している場所を確認しておこう。2003年調査では、都市公園10,310人（40・8%）、河川5,906人（23・3%）、道路4,360人(17・2%)、2007年調査では、都市公園5,702人(30・7%)、河川5,653人(30・4%)、道路3,110人(16・8%)で、路上のホームレスの8割前後がこの3つの場所に集中している。

厚生労働省は、2007年8月、いわゆるネットカフェ難民の実態に関する初めての調査結果を発表した。この調査は、全国のネットカフェ、漫画喫茶3246店舗に対して電話で行われたもので、その結果、定まった住居を持たず、寝泊りするためにネットカフェや漫画喫茶を常連的に利用している者は5,400人と推計された。年齢別構成では20代(26・5%)と50代(23・1%)が多いが、40代以上で約45%を占める。女性が18・7%を占め、路上生活経験者は40%以上に及んでいる。このようなネットカフェ難民の存在は、若者のホームレス化と「隠れたホームレス」の存在が示唆されていると言えるだろう。ただし、40代以上が4割を越えている点も注目される。ネットカフェ難民のなかで2割弱を女性が占めるという事実にも注意が必要であろう。このような人々の存在が日本社会のどのような変化を反映しているものなのか、現代日本のホームレス研究が問われている新しい課題でもある。

2　ホームレス増大の背景

ある人がホームレスになる過程には様々な要因が関係し、その原因を特定することは容易ではない。しかし一般的には、適切な収入を得ることが出来ない労働事情、それと関連する低学歴の問題、低廉な住宅の不足、不十分な社会保障制度などが大きな要因として関係するであろう。Encyclopedia of Homelessness は、非常に大部な辞典であるが、ホームレスの労働事情や労働問題についてはそれほど多くの言及がない。これには、女性、家族、子ども、若者のホームレスが多いというアメリカのホームレス事情も関係しているであろう。

日本では、90年代に行なわれた種々の実態調査の結果から、ホームレスに追い込まれたのは寄せ場を仕事と生活の拠点とする建設日雇労働者が最も多いことが明らかにされている。寄せ場とは、通常は早朝の労働市場として、日雇労働力の売買が行なわれる路上およびその周辺地域を指す。寄せ場は、高度経済成長期以降、各種産業に臨時的な大量の労働力を供給する基地としての役割を果たしてきた。主要な寄せ場として、大阪の釜ケ崎、東京の山谷、横浜の寿がある。80年代に入ると、寄せ場は、専ら建設現場の労働者を供給する労働市場に変化した。寄せ場周辺にホームレスが多く見られた事実は、寄せ場の日雇労働者の失業や不安定な雇用状況がホームレス化と直結していた関係を語っている。

日雇労働者のホームレス化には、２つの主要なパターンがある。もう1つは、最長職で製造業に従事し雇用が比較的安定していた層が脱工業化の過程で製造業からはじき出され建設日雇を経由して野宿になるパターンである。もう1つは、最長職で建設業に従事していた層が直前職でも建設日雇を経由して野宿に至るパターンである。

概ね90年代初めまで、ホームレスは寄せ場周辺に集中していたこと、そしてホームレスという状態は雇用の不安定性に基因する一時的な性格が強く、全般的に「不可視な」状況にあった。これに対し、90年代前半からは、ホームレスは駅周辺、公園、河川敷などの公共空間で広く目立ち始めたこと、およびホームレスの路上での生活が長期化・定着化という傾向を強めたことによって、より「可視的な存在」となった。

筆者は、１９９０年代に名古屋と東京で３回、ホームレスの実態調査を行っている。そのなかから、仕事の側面に関する結果を見ておく。94年の名古屋調査（対象者64人、男性63人）では、対象者64人のうち63人が日雇労働経験者であった。現在の仕事では、「日雇労働」36人（56・2％）、「廃品回収」７人（10・９％、日雇労働を兼ねている者３人）、「仕事をしていない」20人（31・２％）であった。路上生活に至った理由としては、「仕事がない」34人（53・1％）、「病気・けが・高齢で仕事ができなくなった」17人（26・６％）という結果が出ている。99年調査

199人（196人男性）では、過去2ヶ月の就労による現金収入の状況を聞いている。「現金収入がなかった人」は61人（31・0％）、現金収入があった人の主な収入源は、「廃品回収」70人（35・5％）、「雇用およびそれ以外の収入があった人」41人（20・8％）であった。雇用されて賃金を得た人の約8割の雇用形態は建設現場の日雇であった。十分に働けていない理由としては、131人（70・1％）が「仕事を探していても仕事がない」、31人（7.1％）が「病気・けが・高齢等の理由で働ける状況ではない」ことをあげている。路上生活に至った理由としては、「日雇の仕事がない」、「リストラや高齢による失職」など、仕事関連の理由が7割を占めた。99年東京調査（対象者208人、男性は207人）では、路上生活に至る直前の仕事は建設業151人（72・5％）が圧倒的に多く、そのうち日雇は126人（60・5％）を占めた。いずれの調査でも、現在仕事をしていなくて現金収入がない人の割合は3割前後を占めている。路上生活に至る背景と同様に、その理由としては、仕事の減少、失業、病気・けが・高齢の理由で仕事が出来ないなどの仕事上の理由が大きい。

厚生労働省の2003年および2007年調査では、路上生活に至る直前の職業と雇用形態、現在の職業などについて聞いている（対象者は生活実態調査の約2000人、カッコ内は2003年の数値）。2007年調査で、「現在収入のある仕事をしていますか」の問いに対する回答は、「している」70・0％（64・7％）、「していない」29・8％（35・3％）であった。「している」と答えたものの職業では、「廃品回収」75・9％（73・3％）が圧倒的に多く、「建設日雇」14・0％（17・0％）が続く。路上生活直前の職業では、建設業従事者が48・0％（54・1％）で約5割を占める。雇用形態では、「常勤職員・従事者（正社員）」43・5％（39・8％）、「日雇」26・3％（36・1％）である。

90年代のホームレスの増大の背景を整理しておこう。まず、寄せ場での求人減少が大きく関わっている。日本では、91年頃からバブル経済が崩壊し、不況期に突入する。ただし、寄せ場での求人減少は単なる不況の反映ではない。寄せ場での求人は減少したが、建設現場での日雇仕事が急激に減少したわけではない。重要なことは、建設資本が新聞・雑誌広告といった雇用する側により有利な形での求人ルートを開拓し、活用し始めたことである。新しい求人ルートで雇用される日雇労働者の大半は飯場に入る。飯場労働者の労働条件は、寄せ場を経由する労働者よりも平均的に劣悪である。第二に、寄せ場の縮小は、寄せ場を仕事の拠点としてきた日雇労働者の職を奪うと共に、他産業の失業者を吸収するという寄せ場本来の機能を喪失させた。一方で、飯場労働者の増大によって、日雇労働者の雇用条件は全般的に悪化した。第三に、建設業の雇用吸収力が低下し始め、建設業就業者は、98年頃を境に減少に転じた。第4に、ホームレスの窮状に乗じて、きわめて劣悪な条件でホームレスを建設現場に雇用する悪質な飯場や業者が増大した。

端的に言えば、90年代のホームレスの増大は、建設現場の日雇労働者（特に寄せ場）に特有な問題であった。しかし、厚生労働省の２つの全国調査は、２０００年代に入って状況が変化してきたことを語っている。２００３年から２００７年にかけての変化として、路上生活直前の職業では、建設業従事者が54・1％から48・0％に減少、雇用形態では、「常勤職員・従事者（正社員）」が39・8％から43・5％に増大する一方で、「日雇」は36・1％から26・3％に減少している。また、現在職では、「廃品回収」が73・3％から75・9％に増大する一方で、「建設日雇」が17・0％から14・0％に減少している。２００７年の時点でも路上生活直前の職業として建設業従事者が約５割を、日雇労働者が３割弱を占めているという事実には留意が必要である。しかし、大まかな傾向として、ホームレス問題において建設業の日雇労働者が占める比重は低下傾向にある。換言すれば、建設業以外の産業や日雇以外の雇用形態から直接路上生活に追い込まれる人々の比重が増大していると言える。なお、現在職では廃品回収が７割を超えているが、このことには、ホームレスの高齢化と日雇仕事の減少の両方が関係しよう。

3　路上生活の厳しさ

路上で生活することはどのような問題に直面することを意味するのだろうか？ホームレスの大半は、仕事上の理由で経済的に困窮し、路上生活に追い込まれた人々である。まず、不十分な食事や不衛生で粗末な住環境がイメージされよう。また、ホームレスの多くは都市公園や河川敷等の公共空間に生活の居を構えている。このため、ホームレスが増えれば、寝る場所を探すのが困難になるという問題も起きるであろう。厚生労働省２００７年調査では、「路上生活で、困っていること」を聞いているが、その回答結果（複数回答）からは、食べ物や住居の確保が大変であること、健康で文化的な最低限度の生活を送れていない状況が伝わってくる。回答結果は、多い順に、「入浴、洗濯などができなくて、清潔に保つことができず困る」５１９人（30・８％）、「雨や寒さをしのげず辛い」４９９人（29・６％）、「食べ物が十分にないので辛い」４００人（23・７％）、「寝る場所を探すのにとても苦労している」２９６人（17・６％）、「孤独で不安である」２５２人（15・０％）、「ホームレス同士のいざこざで困っている」１２７人（7.5％）であった。

しかし、住居を失ってホームレスになるということは、経済的な貧しさに直接起因する問題以外の多くの問題に直面することを意味する。この点、Encyclopedia of Homelessness は、ホームレス生活とはどのようなことを意味するのかについて豊富な情報と知識を提供している。

「・・住む家のある人なら普通は全く遭遇しない、あるいは、少なくともそれほど切迫した状態には陥らない深刻な問題に、ホームレスはいつも遭遇している。それは、たとえば、食べ物やシェルターをつねに確保すること、信頼できる社会関係を構築すること、さらに、状況を解釈する基準を確立すること、自尊心を維持することである。こうした人間の基本的ニーズに応えるために必要な資源や支援は、住居のある人々には、普通当然のものである。しかし、ホームレスは、日々、これらのニーズを満たすことに悪戦苦闘している。ニーズを満たすには、物質的・社会的・心理的なニーズに応じて、多様な生き抜き戦略を駆使しなければならない」（515頁）。ホームレスは、食べ物や住居、安全などの目先のニーズを満たすことで精一杯であり、長期のスパンでものを考えたり、計画を立てることは容易ではない。それは、決まった住居があり、十分な支援を得ていて、何事も長期的な目標に焦点を合わせて考えることが出来る人々とは、大きく異なっている。住居を失うことは、隣人、日常生活、プライバシー、安全の意識、安らぎ、親しみなどを喪失することを意味する。

路上生活の厳しさとして強調しておきたいことは、第一に、安全・安心な生活が送ることが極めて困難だという点である。この点には、ホームレスに対する襲撃と追い出しが深く関係する。名古屋調査では、驚くべきことに、約4割（99年調査）から6割（94年調査）が「寝場所を追い出されたり、嫌がらせを受けたり、危険な目にあった」経験があると答えている。一度嫌がらせや危険な目にあうと、不安感が増し、安心して眠ることがほとんど出来なくなるという。全国的にも、ホームレスに対する襲撃は毎年のように起きており、命を奪うまでに至ったケースもあるというのが現実である。10代の若者が犯行に絡み、動機としては「社会に迷惑をかけているホームレスを退治したかった」、「抵抗しないホームレスを襲うのは面白かった」などが共通している場合が多い。ホームレスの襲撃には、ホームレスを侮蔑する社会的風潮が深く関わっている。一方で、ホームレスは日常的に生活場所からの追い出しに直面している。ホームレスの多くは、都市公園や河川敷等の公共空間に生活の居を構える。それは、行政や地域住民から「公共空間の占拠」として問題化される。追い出しは行政主体の大規模なものから、目立たない小規模なもの（行政職員、警察、ガードマン等による注意や張り紙）まで様々なレベルで行われてきた。

第二に、ホームレスの状態では、様々な行政サービスを受けられなくなるという問題がある。日本では、行政サービスを受けるには、基本的に住所を必要とする。このため、住所不定の状態では、職業安定所などの公的な機関を利用することが難しくなる。日本には、すべての国民に「文化的で最低限度の生活を保障する」ことを謳っている生活保護法があるが、住所不定の状態では、生活保護を受けることも長らく困難な現実があった。ホームレスになるということは、単なる住居の喪失ではなく、様々な生活資源の喪失を意味する。そして、建設日雇や廃品回収の仕事でアパート等の定まった住居に入居するためのまとまった費用を自力で貯めることはほとんど不可能である。つまり、一度ホームレスになると、安定した雇用や生活を手に入れることが極めて難しくなるという現実がある。

以上のようなホームレスの生活を語るキーワードは、「社会的排除」である。排除は、行政サービスや公的空間からの排除、あるいは襲撃といった動態的かつ多次元的なものとして捉えられる。ホームレスは、経済的な貧しさに直面すると共に、社会的な排除の対象になってきた。

4 ホームレスの社会問題化—東京・新宿駅をめぐる攻防

日本でホームレスの存在を大きく社会問題化させるきっかけとなったのは、東京の新宿駅を舞台とする行政とホームレス・支援者との攻防である。この攻防は94年2月に始まり、96年1月で1つのピークを迎える。この間、東京都は新宿駅のホームレスに対する大規模な強制撤去を二度行った。一方、強制撤去に対する抗議運動および阻止運動としてホームレス・支援者による闘いが形成・拡大していく。新宿駅あるいは新宿の路上を拠点として進められたこれらの闘いは、日本で初めてのホームレス運動と言えるものであった。

94年当時、新宿駅周辺だけで300人以上のホームレスがいた。新宿駅は都庁の近くにあり(都庁は91年に新宿に移転)、東京を代表する巨大な駅である。新宿駅周辺にホームレスが多く集まっていたのは、近隣に寄せ場の高田馬場があること、駅構内で仕事の手配が行われていたことに加え、駅周辺が一大歓楽街であり食料等の生活資源を探すことが比較的容易であったことに理由がある。また、近年の都市再開発がホームレスの野宿する場所を狭めてきたという事情も背景にある。さらに、ホームレスに対する襲撃や嫌がらせが度々頻発していた事実も関係する。ホームレスは、ある程度人目について安全に野宿できる場所を探して移動する。それは、公共空間での蝟集・占拠となって現出する。この意味で、都市の様々な空間からホームレスを排除しようとしてきた都市のあり方そのものが、自らの社会にホームレスの可視化を促した点も看過出来ない。新宿駅で段ボールハウスが並ぶ様子は、大都市におけるホームレス問題の到来を象徴するものであった。

94年2月の強制撤去は「排除と収容」によってホームレスを見えないところに追いやり、ホームレス問題の解消を図ったものである。東京都は強制退去の対象となったホームレスに対して臨時の宿泊施設を用意したが、極めて短期の滞在を認めるだけで、生活や仕事の保障を視野に入れたものではなかった。この撤去が失敗に終わったことは2つの点で明らかである。1つは、撤去後も新宿駅周辺のホームレスは増大し続けたことである。もう1つは、この強制撤去が東京都と新宿区の対策に対する激しい抗議運動を誘発したことである。

東京都と新宿区は、96年1月、600人以上の機動隊・ガードマンらの動員の下で2度目の強制撤去を行った。ホームレスと支援者は座り込みを行い徹底抗戦したが、ガードマンらは一人一人をごぼう抜きにしていき、ダンボールハウスを破壊した。強制撤去は短時間で行われたが、その激しい攻防の様子はテレビを初めとするメディアで報道され、ホームレス問題の大きさが衝撃的に伝えられたのである。

96年1月の強制撤去は、行政とホームレス・支援者が全面的に対立するなかで行われた。このような全面的な対立を引き起こした最大の原因が、東京都の旧態依然としたホームレス観と一方的に問題を解決しようとする横暴さにあったことは否定できない。東京都のホームレス観は、ホームレスを、基本的に、公共空間を占拠し、社会に迷惑をかけ、環境を悪化させる存在とみなすものである。ホームレス問題を失業や社会保障の仕組みが深く関わる貧困・社会問題と捉える視点はほとんど皆無であった。そして、東京都はホームレス・支援者との話し合いを一切拒否し続けた。このような東京都の対応に対し、96年1月のホームレス・支援者による抵抗は、人間の作ったバリケードと座り込みによる徹底抗戦によって、ダンボールハウスという住居を守り抜くとともに、ダンボールハウスを運動の拠点として、野宿せざるを得ない実情と生活する権利を声高く主張するぎりぎりの闘いであった。

94年2月の強制撤去に端を発したホームレス運動の高揚と、激しい攻防のなかで実施された96年2月の強制撤去は何をもたらしたのであろうか。新宿の路上を拠点として展開された運動は、多くのホームレスの存在と闘うホームレスを社会に印象づけた。そして、排除に終始した東京都の政策は、結局のところ、「強制撤去では何も解決しない」ことを露呈することになった。

5　ホームレス問題のポリティクス

1990年代中ごろまで、ホームレスの増大と可視化は、大都市における「新しい」社会問題として、専ら「公共空間の占拠」や「地域環境の悪化」という観点から問題視されていた。ホームレスに対する行政の対応は、全般的に「社会的排除」の性格が強いものであった。東京都の対応は、特殊的なものというよりは、全国的なホームレス対策の象徴的なものであったと言える。

90年代後半に入り、日本では、ホームレス対策が政府レベルでも自治体レベルでも急速な展開を見せる。東京都は、96年7月に、自立支援事業の構想をいち早く打ち出した。自立支援事業は、「就労意欲があり、かつ心身の状況が就労に支障がないと認める者」を対象にするもので、就労自立に向けての職業相談、生活相談、健康相談などからなる。東京都は他地域に先駆けて、2000年に自立支援センターを開設している。政府レベルでは、ようやく、99年2月に「ホームレス問題連絡会議」が設置され、同年5月には「当面の対応策」が発表された。「当面の対応策」が出されるまで、政府レベルでのホームレス対策は皆無であり、ホームレスへの対応は各自治体に任されていた。「当面の対応策」は、就労意欲はあるが仕事がなく失業状態にあるホームレスへの対策として、自立支援事業の必要性を国の立場から明らかにした。2002年7月には、10年の時限立法として、「ホームレスの自立の支援等に関する特別措置法」が成立した。この法律は、ホームレスを対象とする日本で初めての法律であった。2003年までに、自立支援事業を行うための施設である自立支援センターが東京(4)、大阪(3)、横浜(1)、名古屋(1)で開設されている。

90年代後半以降、ホームレス対策が自立支援事業を軸として急展開した背景として、ホームレスが全国的に増大し続けたこと、特に大都市に集中するなかで、ホームレス問題は自治体の手に負える問題ではなく、総合的かつ全国的な措置が必要であるとの認識が政府と主要自治体の間で広がり共有され始めたことが大きい。前項で示した東京都の対応が、強制排除では何も解決しないことを露呈したことも関係しよう。また、ホームレス運動が大きな広がりを見せたことやホームレス問題を失業や社会保障の面から追究する調査研究が進んだことも、一定の影響を与えたと言えるであろう。

２０００年代に入ってから本格的に着手された自立支援事業が、路上で暮らすホームレス数を減少させるうえで一定の効果を発揮してきたことは間違いないと思われる。しかし、自立支援事業の成果以外にも、路上で生活するホームレスの減少には、追い出し、飯場での就労、襲撃による死傷、病気・けが等によって、見えないところへ追いやられる人たちがいるという現実が関係しよう。そもそも「目視」によりホームレスを把握することが極めて難しいという調査手法の問題もある。特に、「自立支援」と「公共空間の管理」の関係、自立支援が内在する排除の論理の2点に留意して、ホームレス減少の背景や自立支援事業の意義・効果について、検証する必要がある。

第一に、「自立支援」と「公共空間の管理」では、「公共空間の管理」がより重要な課題と位置づけられている点に留意が必要である。例えば、東京都が出している報告書では、ホームレスが自立できるかどうかには関わりなく、路上生活は容認できるものではないと明確に語っている。また、自立支援事業は当面の取り組みと位置づけられているのに対し、公共空間の適切な管理は、長期的な取り組みとして多分野にわたる総合的対策の推進の一つとして位置づけられている。つまり、東京都が目指すホームレスの自立とは、路上生活からの脱却あるいは路上生活者の一掃という目的と不可分の関係にある。「ホームレスの自立の支援等に関する特別措置法」の認識も同様の問題を有している。愛知万博の開催（２００７年）に伴って、名古屋中心部の公園に生活していたホームレスが一掃されたことは記憶に新しい。「公共空間の占拠」を何よりも問題視する行政の認識は基本的に変わっていない。

第二に、自立に向けたプログラムを行政が用意するのであるから、ホームレスはそのプログラムを活用して自立のために鋭意努力しなければならないことが大前提として据えられていることがある。『東京のホームレス』では、「そこ（路上生活の意味）から脱却する仕組みを社会が用意する以上、その仕組みを活用して自立を回復させていくことは本人の責任」と明記されている。「特別措置法」でも、「ホームレスは、その自立を支援するための国および地方公共団体の施策を活用すること等により、自らの自立に努めるものとする」と明記されている。これらの見解には、自立支援事業を活用しないホームレスを、自立意欲に欠け、公共空間を占拠し、社会的な迷惑をかける存在として問題視するロジックが内在している。

自立支援事業の利用状況や成果に関する調査は、概ね、自立支援事業は、野宿経験の比較的短い若年・壮年層（おそらくかれらの多くは日雇経験が短い）を中心に「就労自立」で一定の効果を上げていることを明らかにしている。一方で、野宿経験や日雇経験の長い高齢者は自立支援事業をあまり利用しない。この基本的な理由は、行政が提供するプログラムとホームレスのニーズのずれにある。ホームレスのなかには、公園などに居を構え、日雇仕事や廃品回収などの雑業などをしながら、わずかながらも生計に必要な現金収入を得て、一定の安定した生活を送っている人が少なからずいる。かれらにとっては、就労の問題よりも住居を脅かされるほうがより死活的な問題となる。自立支援事業がかれらの就労ニーズや生活スタイルと合わなければ、それを利用しないという選択はきわめて自然なものであろう。しかし、行政の視点からすれば、そうした路上での生活は容認されない。

おわりに―排除と「個人化の原理」に向き合う

1990年代に入ってからのホームレスの増大は、寄せ場・日雇労働者の失業や雇用問題と直結していた。しかし、90年代中ごろまで、国や自治体で、ホームレス問題を失業や社会保障の仕組みが深く関わる貧困・社会問題と捉える視点はほとんど皆無であった。90年代中頃までのホームレスに対する対策は、見えない空間への排除に終始していた。これらの対策こそが、公共空間におけるホームレスの占拠という事態を促し、ホームレスの存在をより可視的なものとさせた。新宿駅ホームレスの強制撤去をめぐる排除と抵抗の攻防を通じて、ホームレス問題の大きさと「強制撤去では何も解決しない」といういわば当たり前の事実が広く認識されるに至った。90年代後半以降、全国的にホームレス対策は自立支援事業を軸として急展開する。そこに、「排除」から「自立支援」という大きな変化を見ることが出来る。しかし、「自立支援」事業は、「自立」を公共空間の管理という目的と不可分のものとしつつ、限定された意味で定義する行政的枠組みによって、ホームレスを善悪二元論で分類・選別・排除する論理を内在する。それは、路上で暮らす人々の多様なニーズや生活スタイルに対する配慮をほとんど欠いたものである。このような「自立」を基準にしたホームレスの選別は社会全般におけるホームレス差別を助長してしまう危険性を強く持つであろう。

最後に、「個人化の原理」に触れておきたい。新自由主義的制度と価値観が浸透する中、「自立」や「自己責任」が声高に叫ばれるようになっている。この背景には、新自由主義的制度と価値観の浸透があろう。新自由主義が標榜する小さな政府は、福祉や社会保障に向けていた国家の財政を縮小し、それを民の責任に移行させる思想や取組をさす。そして、新自由主義は、自由競争と有用性を基準にした人間の選別を強化し、その結果を自己責任の名の下に正当化するという個人化の原理を徹底する思想である。

本論でみてきたホームレスは、労働市場や行政サービスから排除されるとともに、「自業自得」や「自己責任」等の個人化の原理を最も強烈に浴びせられてきた下層の人々である。このような事態を前にして、われわれ一人ひとりが考えるべき課題はなんだろうか。まずは、下層を異質な他者として不可視化あるいは消去することで問題解決と看做し、自己の生活の豊かさや安全さを追求することに安住してきたのではないかという点を自省することが問われよう。異質な他者を不可視化する社会は、人間同士が共に生きる能力を喪失している社会である。下層の人々が直面する問題は、人間を排除するメカニズムが、時代状況の変化に応じて様々な形をとりながら、より洗練された形で強化され、誰一人例外とせずにわれわれ自身の足元にも向けられていることを映し出す鏡である。競争と選別の原理が強化され、個人化の原理が徹底される今日的な状況に対していかに向き合っていくのかは、一人ひとりに課せられている共通の課題である。

第5章

日本の災害関連援助
―フィリピン・ピナトゥボ火山噴火災害を事例に

「『語る』という言葉は、わたしはあまり好きではありません。なぜかというと、わたしの今までの経験から言うと、いちばん苦しんでいる人は語らない。歴史は、当事者は口を閉ざすということを示しています」

（NHK「課外授業　ようこそ先輩」制作グループ・KTC中央出版『国境なき医師団：貫戸朋子』）

1 なぜピナトゥボ火山噴火災害を選んだのか

1994年初頭に外務省から日本のODA（Official Development Assistance 政府開発援助）についての「有識者評価」の委託を受けた時にフィリピンのピナトゥボ災害に対するODAを取り上げ、その総体としての性格を明らかにするという課題を設定したことには、以下のようないくつかの理由が関係する。

まず、何よりもこの災害の甚大さと継続性がある。ピナトゥボ火山噴火災害（以下、ピナトゥボ災害）の最大の特徴は、「20世紀最大の火山爆発」といわれた大規模噴火による甚大な直接的な被害に加え、降り積もった灰が雨期のたびに大雨で流れだしラハール（Lahar 火山灰混じりの泥流）となって被害が継続してきたことである。噴火後ほぼ1ケ月のフィリピン政府の試算によると、噴火による損失は91年度の国家予算の3％に達した。1994年までに死者数は約1000人、被災者は約300万人にまで増加した。ピナトゥボ火山麓そのものを生活空間として、長年独自の伝統と文化で生活してきたアエタ族は、大半が避難を余儀なくされ、避難所で多くの死者を出すなど、最も深刻な被害を受けた。

第二に、フィリピンはそれまでも多くの災害に見舞われ、日本からも度々災害関連ODAが供与されてきた。しかし、対比ＯＤＡに関する従来の研究でも、災害関連のものは全くと言って良いほど検討されていなかった。

第三に、従来のＯＤＡ研究の大半は、援助案件を個別に取り上げ、評価・検討するというものであった。災害関連ＯＤＡは、多面的な協力形態を包含するがゆえに、案件相互の有機的な関連性が把握されて初めて総体が浮かび上がる。災害関連ＯＤＡの検討は、ＯＤＡ研究の手法に新たな端緒を築くものと考えられた。また、ＯＤＡの貢献性あるいは問題性のいずれかを強調するにとどまっているような研究も少なくなかった。善悪論的な解釈や議論ではなく、もう少し違った角度からＯＤＡを捉えてみたいという関心を有していた。

この有識者評価では、ピナトゥボ災害関連ＯＤＡのいくつかの主要案件を個別に取りあげるとともに、ピナトゥボ災害に対する日本のＯＤＡの取り組みを全体的に明らかにすることに努めた（『経済協力評価報告書』外務省経済協力局、１９９５年７月。この英語版は１９９６年10月に刊行された）。その後、ＮＧＯを中心に日本の民間団体もまた幅広くピナトゥボ災害に関わってきたという事実を踏まえ、日本のピナトゥボ災害関連援助の実態を総体として明らかにし、その貢献性や問題性をより多角的な観点から検討していく課題を設定し、共同研究を進めた（『自然災害と日本の国際協力に関する国際共同研究―フィリピン・ピナトゥボ災害に対するＯＤＡとＮＧＯによる援助を主たる事例として―』トヨタ財団研究助成最終報告書、１９９９年１月）。

その上で、こうした一連の試みの成果をまとめて、『自然災害と国際協力　フィリピン・ピナトゥボ大噴火と日本』と題する書物を出版した（津田守・田巻松雄編、新評論、２００１年）。本章では、日本のピナトゥボ災害関連援助の総体的な性格と特徴を振り返る。

2　ピナトゥボ関連ＯＤＡの特徴

日本の開発途上国に対するＯＤＡは、贈与と有償資金協力（借款）に大別され、前者は無償資金協力、技術協力、ＮＧＯへの補助金などに、後者はプロジェクト借款と商品借款を含むノンプロジェクト借款などに分けられる。

一般に、災害対策事業は、緊急救援、予知、軽減対策、復旧、復興、開発といった一連の過程より構成される。ピナトゥボ災害の対策事業が直面した固有の問題性は、二次災害をはじめとする副次災害が継続する状況の中で、被災地域の中・長期的な観点からの総合的な復旧復興計画を進めつつ、避難民センターや再定住地に暮らす人びとを中心に被災者のニーズに直接こたえる対策を同時に展開しなければならなかった点にある。インフラ、生計向上、再定住、社会サービス

表2−1 ピナトゥボ関連ODAの主な展開

1991年6月	災害緊急援助（資金供与「20万ドル」と物資供与「2,908万円」）
1991年6月	草の根資金協力（「ピナトゥボ火山災害救援活動計画」300万円）
1991年7~9月	専門家チーム（砂防対策・火山観測）の短期派遣（第1次4名、第2次4名）
1991年7月	青年海外協力隊特別機材支援経費により農薬用トラクターと医療物資供与(1,010万)
1991年7月	無償資金協力「ピナトゥボ火山災害救援活動」」300万円
1991年7月	一般無償「西部パリオス溜池改修計画」実施促進調査
1991年8月	土石流監視および警報システムの供与（8,500万円）
1991年9月	一般無償「ピナトゥボ火山災害復旧機材整備計画」基本設計調査
1991年12~1992年2月	8名のプロジェクト形成調査団派遣
1991年1~1992年2月	8名青年海外協力隊短期緊急派遣
1992年2月	草の根資金協力「アエタ族リハビリテーション計画」（300万円）
1992年2月	「ピナトゥボ火山災害復旧機材整備計画」（14億9,200万円） 交換公文名
1992年6月	専門家チーム（火山災害専門家）の短期派遣（4名）
1992年7月	草の根資金協力「アエタ族リハビリテーション計画」（300万円）
1992年8月	「西部パリオス溜池改修計画」（4億9,200万円）交換公文署名
1992年9月	災害緊急援助（資金供与「20万ドル」と物資供与「1,885万円」）
1992年9月	商品借款「ピナトゥボ火山災害復旧・再建のための緊急商品借款」253億8,000万円供与

1992年11月	一般無償「ピナトゥボ火山被災地灌漑用水復旧計画」基本設計調査
1992年11月~12月	一般無償「ピナトゥボ火山被災民生生活用水供給計画」基本設計調査
1992年12月~1996年7月	3名の青年青年海外協力隊員派遣
1993年1月	専門家（砂防技術全般）の長期派遣（1995年3月まで）
1993年3月	「ピナトゥボ火山被災地灌漑用水復旧計画」(5億8,000万円)交換公文署名)
1993年7月	「ピナトゥボ火山被災民生生活用水供給計画」 （第1期10億7,700万円）交換公文署名
1993年10月	災害緊急援助（資金供与「20万ドル」と物資供与「2,400万円」）
1994年7月	「ピナトゥボ火山被災民生生活用水供給計画」 （第2期2億6,500万円）交換公文署名
1995年4月	専門家（砂防技術全般）の長期派遣（1998年3月まで）
1996年3月	借款「ピナトゥボ火山災害緊急復旧事業」(69億1,100万円)借款契約署名
1996年8月	研究協力「ピナトゥボ火山灰土壌回復技術」事前調査団派遣
1996年11月	専門家(ピナトゥボ火山灰土壌回復技術)の長期派遣(1999年11月まで)
1999年1月	一般無償「地震火山観測網整備計画」(8億5,000万円)交換公文署名
1999年11月	研究協力「ピナトゥボ火山灰土壌回復技術」終了時評価調査団派遣
1999年12月	借款「ピナトゥボ火山災害緊急復旧事業(II)」(90億1,300万円)借款契約署名

津田守・田巻松雄作成

の各分野での連携のとれた効果的な対策が求められた。

表1は、1991年6月から99年12月までの期間に供与された主なODAを時系列で示したものである。ODA案件の総額は、462億3,990万6千円（その他に60万ドル）である。形態別にみると、有償資金協力413億400万円、無償資金協力47億1,900万円（その他60万ドル）、技術協力1億9454万3千円、NGO事業補助金1,347万2千円および草の根無償資金協力889万1千円となっている。形態別の割合では、有償資金協力の割合がほぼ9割を占める結果となっている。なお、世界的に見て、日本のODAの総額は群を抜いてトップであった。

インフラ分野中心の性格

ピナトゥボ災害関連ODAの事業を分野別に見れば、インフラ関連のものが主であった。一般プロジェクト無償援助の4つの案件は、橋梁などの復旧、再定住における給水と灌漑関連の2件である。

商品借款は、有償資金協力のノンプロジェクト借款の一形態である。1992年に供与された緊急商品借款は、「上記（ピナトゥボ）災害により影響を受けたフィリピンの国際収支の改善に寄与するとともに、『見返り内貨』資金を活用することにより同国がピナツボ（ママ）復旧計画を支援する」（OECF『年次報告書』1993年版）ことを目的に供与された。商品借款の「見返り内貨」資金の対象は、社会基盤関係と再定住関係（再定住地の建設、道路・橋梁・学校の建設）と規定されている。

プロジェクト借款事業であるピナトゥボ火山災害緊急復旧事業（1996年）及び同事業（Ⅱ）（1999年）は、道路の復旧、砂防のダムの増強、河川改修、周囲堤（メガダイク）の補強や建設などを行うというものであった。そして、短期長期を含め30名を超える専門家が派遣されてきたが、大半は砂防技術に関わる建設省関係者で、インフラ分野をカバーしている専門家であった。

一方、避難民センターの再定住地の被災民に対する社会サービスや生計向上プロジェクトに関して、日本のODAは、災害緊急援助、青年海外協力隊員（以下、JOCV）の派遣、草の根援助、外務省NGO補助事業などを通して協力してきたといえる。しかし、これらの形態で供与された金額はODA全体から見れば僅かである。

ピナトゥボ災害関連ODAがインフラ関連分野を中心に供与されてきたことの背景としては、日本のODAの全体が分野別ではインフラ、形態別では借款を中心とする性格をもっており、この傾向はとくに日本のODAの最重要地域であるアジア向けの援助では強いことが関係しよう。砂防にかかる専門家が多く派遣された背景としては、日本は古くから土砂の流出防止事業を実施してきており技術の蓄積が大きいこと、多くの技術者がおり、インドネシアをはじめとした諸外国への国際協力の一環として技術移転をしてきた実績をもつ。ピナトゥボ災害に対する日本のODAは、従来の実績と防災体制における長年の経験を生かす得意分野を中心に行われた。

災害緊急援助の国際比較

災害緊急援助は、ピナトゥボ火山噴火直後の1991年6月から1993年10月までに計3回行われている。内容は資金援助（60万ドル）と物資援助（約7,193万円）である。93年当時1ドルは120円前後であったので、それで換算すると、計1億4,193万円となり、ODA総額に占める割合は、約3%である。国際緊急援助隊は派遣されていない。

緊急援助の供与先は社会福祉・開発省（DSWD）や保健省（DOH）などの政府機関で、現地NGOとのつながりは薄い。これに対し、アメリカ、オーストラリア、イギリスの動向を見ると、各国とも日本より緊急援助の場合に現地NGOとの連携を重視しているという特徴がある。

1993年12月の国際会議（Pinatubo Multi - Sectoral Constitutional）に提出された資料を参照すると、各国の援助実績の目的別・形態別の構成比は、アメリカの場合、アメリカ国際開発庁（USAID）による分類で、長期的復興事業と防災が総額の87・9%、緊急救護8.1%、技術協力に関するものが3.9%であった。オーストラリアは、オーストラリア国際開発援助局

（ＡＩＤＡＢ）の分類で、防災35・６％、緊急救護34・０％、復興事業30・２％であった。イギリスは、１９９１年と92年の２年間で、約60％が緊急援護に関するものであり、そのほかが再定住地や避難民センターの建設と技術協力に関するものであった。

アメリカの場合、緊急援護を担当しているＵＳＡＩＤの外国災害援助室（ＯＦＤＡ）は、アメリカのＢＧＯと同様に被災国のローカルＮＧＯとの連携を重視する方針をとっている。とくに、６ヶ月以上の救護活動が必要な場合にはＵＳＡＩＤ現地事務所と関係が緊密なローカルＮＧＯを積極的に活用する方針をとり、また、現地事務所で２万５千ドルまでの支出を即座に決定できる。ＯＦＤＡのピナトゥボ災害に対する援助の実績でも、ＮＧＯ重視の体制がとられた。１９９１年から96年までに供与されたアメリカ政府の緊急救護援助の約６割がローカルＮＧＯに対して供与されている。

ＯＤＡのＮＧＯ支援

災害緊急援助にかぎらず、官民の協力の重要性は広く認識されるようになってきている。ＮＧＯに対するＯＤＡの支援として、日本のＮＧＯの海外での開発事業を支援する外務省のＮＧＯ事業補助金と、現地で活動するＮＧＯや地方公共団体などを対象とする草の根無償資金協力がある。ピナトゥボ災害では、外務省のＮＧＯ事業補助金は、２団体の４件の事業

（「二四時間テレビ」チャリティー委員会の３件と（社）アジア協会アジア友の会の１件）に対して総額１，３４７万２千円が供与され、草の根無償資金協力は、少数部族救済基金（以下、ＥＦＭＤＩ）とフィリピン赤十字社（ＰＮＲＣ）などの３つのローカルなＮＧＯに対して総額８８９万１千円が供与された。

草の根無償資金協力の１件であるＥＦＭＤＩのアエタ族リハビリテーション計画に関連して、若干付言しておきたい。ＥＦＭＤＩは、アエタ族の生活向上を目的に活動していたフィリピンのＮＧＯである。１９９１年のピナトゥボ火山噴火の前に、すでに、ＥＦＭＤＩには３名のＪＯＣＶが派遣されていた。ＥＦＭＤＩは93年にアエタ開発協会（ＡＤＡ）に一本化されるが、噴火後もＥＦＭＤＩに３名の協力隊員が派遣されている。ＪＯＣＶが、現地のローカルなＮＧＯに派遣されることはきわめて異例のことであった。この側面も広くいえばＯＤＡとＮＧＯの協力・連携に該当し、ピナトゥボ災害関ＯＤＡのユニークな一側面を構成している。そして、アエタ族リハビリテーション計画は、ＪＯＣＶ隊員による先行援助（農業用トラクター供与）を補完するために供与されたもので、ＯＤＡの有機的連関が見られた一例である。

外務省のＮＧＯ事業補助金と草の根無償資金協力はともに１９８９年度から開始された。90年代、日本のＯＤＡがＮＧＯとの連携を推し進めたことはよく知られている。しかしながら、ＯＤＡとＮＧＯの協力・連携は欧米諸国がはるかに長い歴史をもち、ＮＧＯ支援も強力であった。たとえばイギリスは、「ＮＧＯを災害援助、ボランティア派遣等の面で積極的に支援しており、１９９６／97年度では二国間援助の13・０％の援助をＮＧＯ経由で行っている」（『我国の政府開発援助　ＯＤＡ白書〔上巻〕』１９９８年、２１０頁）。日本の二国間ＯＤＡに占めるＮＧＯ事業補助金の割合は0.1％、草の根無償資金を合わせた割合も0.7％にとどまっていた（１９９７年度）。

3　ＯＤＡの発掘案件と最終案件

ピナトゥボ災害関連では、噴火前にすでに派遣されていた人たちも様々な形態で協力を行った。この中で、ＪＯＣＶ派遣事業は、現地の住民とともに生活しながら、技術を移転する草の根レベルの援助形態であり、ＥＦＭＤＩへの派遣および短期緊急派遣、被災地救済のための新規派遣という３つの形態で派遣された。また、援助効率促進事業としてプロジェクト形成調査団が、１９９１年12月から翌年１月にかけて派遣された。

これらの派遣された隊員や調査員は、避難民センターや再定住地の状況と被災民のニーズとをもっとも直接的に知り得た人々といえる。ＪＯＣＶやプロジェクト形成調査団からは、被災民に対する社会サービスや生計向上に関する援助需要も把握され、案件が発掘されている。しかし、社会サービスや生計分野で採択された案件はわずかであった。緊急援助を別にすると、被災地支援のための協力隊員の新規派遣は２名、草の根援助は２件、外務省のＮＧＯ事業補助金は４件であり、かれらが必要と感じた援助や提言した発掘案件の多くは最終的に案件には結び付かなかった。ここでは、生計分野を中心に、ＪＯＣＶとプロジェクト形成調査団の動向、およびその調査結果や関連する経過を見る。

短期緊急派遣された８名のＪＯＣＶは、避難民センターで暮らす避難民と再定住地に入植している入植者の生活環境について実態調査を行った。調査の主な目的は、入植者の生活環境（食糧援助、諸々の設備、社会福祉・開発省（ＤＳＷＤ）による社会サービス、各国政府・国連機関による援助の実態など）についての基礎的な情報収集と、協力隊員の協力が必要かつ可能な領域を把握し、ＪＯＣＶの新規派遣の可能性を検討することであった。この入植者の調査結果や隊員個別の報告書、およびプロジェクト形成調査団の調査結果報告などを受けて、ＪＩＣＡでは多方面での隊員派遣が構想されたようであるが、実際には被災地支援のための新規派遣隊員は２名にとどまった。また、かれらは調査や情報収集にとどまらず、引き続いて発生する泥流災害に対応するため、警報システムに変わる無線機の切実なる必要を認識し、地域レベルでの設置計画策定まで進めた。しかしそれは、通常の案件要請ルートに乗らず結局実現しなかった。

ＪＯＣＶはまた、現地で被災民との接触を通して、被災民に対する給食、物資供与、生計向上プロジェクトなどの援助の必要性を強く感じとった。これらは、ＪＯＣＶに割り当てられている制度上の役割とは別のものであり、実現するには別の案件として成立させる必要がある。ＪＯＣＶが切望したこれらのプロジェクトも、ＯＤＡ案件としては成立しなかった。その理由として、継続的な食糧援助や消耗品への援助は認められない、申請から承認までに時間がかかる、現地の自助力を原則とする、といったＯＤＡの政策や仕組みが関係する。

プロジェクト形成調査団の派遣の背景としては、まず１９９１年9月7日付の外務省への在比日本大使館の報告があった。そこでの認識は次のようなものであった。(1)人道的、社会的にもっとも深刻な当面の問題として避難民の窮状がある。(2)災害の継続により避難民が増加し、しかも再定住がままならない状態がある。(3)日本以外からのドナーからの関心としても、噴火後しばらくは人道的観点からの緊急援助が相次いだが、災害が泥流被害で拡大する中で、本格的な復旧への援助については検討中の段階にとどまっている。(4)フィリピン政府の活動も、現時点では避難民救援と主要道路の交通確保、泥流からの堤防防護のごときインフラにかかる応急措置とならざるを得ない状況である。

１９９１年10月、フィリピン政府はドナー諸国と国際援助機関との会合を招集し、アキノ大統領が短期にとどまらず、中・長期的復興について各ドナーの理解と協力を求めた。これに応えて、日本の大使および在マニラＪＩＣＡ事務所は、被災民とその再定住計画や生計向上に焦点を当てた何らかのソフト・アプローチを考慮する必要があると判断し、フィリピン政府側の対応を把握した上で、今後日本がいかなる協力が必要かを検討するミッションの派遣を同月中に決めた。本派遣はいわゆる立ち上がりから数カ月というスピードで実現した稀なミッションであった。

本調査団の構成は、総括兼再定住計画、生計向上、地域開発（community development）、村落生活基盤（農村インフラ）の４分野を担当した７名であった。92年3月には建設省（現・国土交通省）によって委託を受けた国際建設技術協会によるインフラ分野関連の事前調査が計画されていたこともあって、本調査団の構成メンバーとしては意識的に「建設省畑」以外の分野をカバーする形となっていた。

本調査団は、フィリピン滞在中は、クリスマスおよび新年という時期であったにもかかわらず、多くの関係機関・関係者へのインタビューを精力的に続けた。１９９２年１月にはマニラの日本国大使館で、帰国後には東京のＪＩＣＡ本部で、この調査結果のまとめと分析についての検討会が行われている。3月30日には、最終報告会がＪＩＣＡ内で開催された。英文の報告書（Study Mission Report）が同年5月に作成され、フィリピン政府側の各機関に提出された。

全体状況としては、フィリピン政府による取り組み、政治環境、第二次災害の予測の現状が検討された。災害の予測と復興計画についてのフィリピン政府の総合的対応策が立ち遅れていること、また各国ドナー、国際機関の動向については、第二次災害の予測が不十分なこともあり、復旧計画に関しては全般的に消極的であることが指摘されている。

次に、再定住地における全体的課題として、サイトが再定住地として適当か否かが大きいこと、および一時的居住地としての性格が強く、計画や医療、保健、教育、生計などの実際の支援策が不十分であると認識された。再定住計画の要である生計の確保が不明確であり、就業・雇用の創出を中心とする生計向上や社会サービスの面での被災民対策が緊急の課題であるとの提起がなされている。

この調査報告はフィリピン政府の対策の遅れや不十分性を指摘しているが、それらはピナトゥボ災害という未曾有な規模の災害によって起こされた困難な環境にも起因するとし、可能な支援を積極的に行っていくべきだと提言している。そして、日本政府による具体的支援領域として、9つの支援策と18の個別案件を発掘・提案した。

1992年3月30日に、東京のJICA本部でこれからの発掘案件の検討会が行われた。この検討会の議事録によると、プロジェクト形成調査団は、日本の国際協力の可能性は生計分野においては見出すのが困難であったと報告している。その理由として、生計向上プログラムの有効性を判断すること、および対象を特定しづらいプロジェクトを[illegible]ている。また、現実的な可能性として地方政府やＮＧＯが行う生計向上プロ[illegible]が考えられるが、それらの多くは小規模プロジェクトおよびローン方式であり、日本のＯＤＡの協力形態に馴染まないという問題も指摘されている。

また、生計向上案件についての検討結果として、生計向上案件は出口が見えず、ＪＯＣＶ事業以外では経験も少なく難しい、技術レベルがどの程度求められているのかが不明で対応しがたい、生計向上分野でＪＯＣＶを派遣してもどの程度の成果が出るか不確定であるし、隊員確保も難しいなど、関連するプロジェクトの経験の少なさや困難さが出されている。以上のことを踏まえ、プロジェクト調査団は、生計分野の支援を行う場合には制度の改正または新しい制度の創設が必要であると提言している。

日本のＯＤＡが生計向上にかかわる分野に消極的だった基本的な背景として、経験や人材不足または協力形態に馴染まないなどの理由があったことが分かる。発掘案件では多方面でのＪＯＣＶの派遣が提言されているが、生計分野での派遣は実際には１人であった。

日本のＯＤＡは多額の援助を行ってきたにもかかわらず、生計向上分野へのかかわりはわずかであった。発掘案件に示されたようなあるいはＪＯＣＶが強く援助需要を把握していたような被災者のニーズにこたえるには、旧来の協力形態や制度および発想の見直しを踏まえた新たな取り組みが不可欠だったが、その一歩を越えられなかったことも、ピナトゥボ災害関連ODAの一つの現実であった。

4　有償資金協力（商品借款）における透明性の不足

ピナトゥボ災害に関して供与されるODAを形態別にみると、有償資金協力が全体の約9割を占めている。とくに、ノン・プロジェクト借款である商品借款の額は大きかった。一般に見ることのできる資料では、たとえば、「借款資金は、両国政府で予め合意した対象商品の輸入決済に充当されます」（『海外経済協力基金年次報告書　1993年版』105頁）といった程度の説明があるのみで、どのような商品が購入されたのか分からない。

商品借款は、国際収支の改善と現地政府が国内の開発事業に使う資金（「見返り内貨」資金）を提供することの二つを目的とするものであるが、あくまでも前者が最優先の目的である。した がって、商品借款は、国際収支が著しく悪化している国に対して供与され[illegible]だし、災害によって復旧・復興事業に必要な物資を輸入する[illegible]高まり、外貨事情が悪化することが予想されるような場合にも商品借款が行われる場合もあり、ピナトゥボ災害はこのケースに該当する。

商品借款は外貨事情の悪化に対応して国際収支を改善させることが目的なので、「見返り内貨」資金（ペソ・カウンターパート・ファンドＰＣＦ）の使途については、実質上は現地政府のフリーハンドにまかされている。ただし、年四回、使途状況については報告を受けることになっている。

商品借款の対象となる輸入品目リストは契約ごとに決められるもので、ピナトゥボ災害の場合にはポジティブ方式が取られており、借款契約書に１００以上の輸入品目リストが記載されている。ただし、契約書でも、軍事目的のものを除くというような大まかな枠があるのみである。日本の商品借款は、生産材と消費財の両方を対象としている。契約書は公開されていなかった。相手国政府の同意というような問題もあるため、契約内容については公開しないという方針に準ずるものである。ただし、なぜ公開しないかという理由については明らかにされていない。

実際の購入状況については（どの国、どのような製品がどのくらい買われたかなど）伝票を見れば分かるが、これも公開してない。また、プロジェクト借款における受注企業に該当するようなものは商品借款では存在しない。プロジェクト借款においては主要受注企業を公開しているが、商品借款についてはその性格上、そういう情報も出しにくいので出していない（１９９４年10月27日、ＯＥＣＦでの聞き取り）。

表2　ピナツボ火山災害復旧／商品借款（PH−C19）の概要

案件名	ピナツボ火山被害復旧／商品借款（PH－C19）
借入人	フィリピン共和国政府
E/N締結	1992年7月1日
L/A調印	1992年9月3日
貸付完了日	1992年9月30日
L/A承諾額	25,380,000,000円
目的	本借款は、多大かつ長期化の予想されるピナツボ火山噴火により被害を受けた比国の「ピナツボ火山被害復旧／復興計画」を支援するとともに、悪影響の見込まれる国際収支を支援し、比国経済の安定に寄与するものである一方、見返り資金を回復計画に内貨資金に充当する等から同国の災害復旧及び経済再建に寄与することが期待される。
対象商品	機械、通信機器、トラック、石油等。ただし、軍事目的のものを除く。
見返り資金の使途	「ピナツボ火山復旧／復興計画」のうち、 ・社会基盤関係：火山灰除去、河川浚渫、学校再建等 ・再定住地関連：再定住地建設、道路･橋梁、学校建設等

表2は、この商品借款についてのOECFの内容資料である。購入対象商品も、「見返り内貨」資金の使途も、大まかな規定しかないことが確認できる。プロジェクト借款などに比べて、商品借款がその性格上情報を出しにくいということは確かであろう。しかしいずれにせよ、商品借款の内容や実態が不透明であるという問題は残る。また、商品借款の「見返り内貨」資金の使途に伴って賄賂などが発生しても、それを現地政府の責任問題と片付けてしまう姿勢も問題と思われる。

交換公文署名から２ヶ月の借款交渉をへて、１９９２年９月、ＯＥＣＦとフィリピン政府財務省（ＤＯＦ）との間で借款契約が交わされた。フィリピンで入手した借款契約書によると、輸入のための「調達可能商品」（ＬＥＣ）として、動物食料から製薬物のための空のゼラチン・カプセルに至るまで、１１６の多種多様な物品がリストアップされている。物品の調達は、フィリピン共和国以外のどの国からでもよいとされている。

フィリピン政府が得た「見返り内貨」資金の使途としては、同契約書には、復旧・復興計画、すなわち社会基盤関係（火山灰除去、河川浚渫、学校建設など）と再定住地関係（再定住地建設、道路・橋梁・学校建設など）に使われるべきものと規定されている。国家経済・開発庁（ＮＥＤＡ）長官によれば、ＰＣＦは92年10月に発足したピナトゥボ火山災害対策本部（ＭＰＣ）管轄の１００億ペソの原資（そのおよそ半分）として実際に充当されたとのことであった。ただしこのことは、フィリピン国内ではほとんど広報・周知されていなかったと思われる。

一般に商品借款は、緊急性と機動性を兼ね備えるといわれている。通常の円借款と切り離して早期締結されたことや、その見返り資金がフィリピン政府のＭＰＣの設立と初期運営の原資に加えられたことを見ると、この借款は緊急性と機動性を大いに発揮したといえるかもしれない。しかしながら、不透明性がさまざまな問題を生み出す土壌になりやすいことはいうまでもなく、商品借款についての情報公開が強く求められていることも確かである。

5　官と民の協力・連携

民間物資援助輸送

ピナトゥボ災害に対し、ＪＩＣＡの輸送ルートを通して民間物資援助輸送が行われたが、これは官民連携の援助体制による国際緊急物資輸送の初めてのケースであった。この制度は、とくに開発途上地域の大規模災害に対する人道的救護活動への国民の関心と参加意識を助長するとともに、民間活力の動員を図りながら、より効果的な災害緊急援助体制を実施することを目的に創設されたものである。

この事業は１９９２年８月以降のラハールによる被害で約80万人が避難民センターで避難生活を余儀なくされている状況下で、フィリピン政府から毛布、タオルケット、石鹸の援助要請を受けて開始されたものである。ＪＩＣＡは、11月中旬から日本国内の新聞、テレビなどでの紹介も通してこの事業への物資募集を開始したが、反響は大きかったといえる。延べ約１万人から１万９５６枚の毛布、８１５２枚のタオル、１万48キログラムの石鹸、惣領約40トンの物資提供があった。なお、ピナトゥボ火山被災者救援募金実行委員会は、この事業に対して荷受け先を「開発のための共同農村組織」（ＰＲＯＤＥＶ）などの３つのＮＧＯに指定して募金活動を行い協力している。この結果、集荷された物資は、12月にＪＩＣＡの輸送ルートを通じて、フィリピン政府およびピナトゥボ火山被災者救援募金実行委員会から指定のあったＮＧＯに渡された。

この事業は、国際援助への理解の促進と民間活力の動員という点から大きな意義をもつ試みであったといえよう。そして、物資の供与先は原則として政府機関としながらも、参加者がＮＧＯなどの特定の荷受け先を指定することが認められた点で柔軟性も備えていた。ただし、フィリピン政府の要請に基づいて集積され輸送された石鹸、毛布、タオルが、被災民のニーズにどの程度までこたえるものであったのかについては疑問の声もあった。援助物資の選定そのものにも「民」が参画できるような体制を視野に入れて、官民「連携」の在り方を模索していくことが問われていると強く思われた。

ピナトゥボ救援の会（ピナＱ）と青年海外協力隊（ＪＯＣＶ）

ピナトゥボ災害に関するＯＤＡとＮＧＯとの協力・連携の特徴として、ＪＯＣＶの諸活動に対してピナトゥボ救援の会（以下、ピナＧ）が資金援助したことが挙げられる。ピナＱにとって、ＪＯＣＶはフィリピンと日本のＮＧＯへの橋渡し的な役割を果たした。ＯＤＡの活動にＮＧＯが資金援助した関係は、異例のことと思われる。

ピナＱとＪＯＣＶとの出会いには、幾つかの基本的な契機があった。もともとＪＯＣＶは、噴火以前からアエタ族を支援するＥＦＭＤＩに派遣されていた。ピナＱは駐在員の妻たちを中心にマニラを所在地として活動していた団体であり、ＪＩＣＡのマニラ事務所を介して両者は出会う機会をもった。ＪＯＣＶからピナＱへの最初の資金要請はＥＦＭＤＩに派遣されていた隊員からのものであるが、そこでは、自分で資金を調達しないと被災者のニーズにこたえる活動ができないという状態があった。

ピナＱとかかわりをもったＪＯＣＶは、ＥＦＭＤＩに派遣されていた隊員の他、１９９２年１月から92年２月にかけて短期緊急派遣された隊員（避難民センターで暮らす避難民と再定住地に入植している入植者の生活環境に関する実態調査を行っている）、被災地支援のための新規派遣隊員、その他の４つのグループより構成される。これらのかかわりを見て指摘できることは次の二つである。(1) ＪＯＣＶは、ＯＤＡ関係者の中では被災民のニーズをもっとも直接知る立場にあった。(2) ＪＯＣＶは、被災者の直接的なニーズにこたえたいと思いつつも、ＯＤＡの仕組みの中では迅速に対応できない状況に置かれていた。こうした背景の中で、ピナＱへの資金要請が行われた。

ピナトゥボ災害のように被害が継続してきた災害は、繰り返し現地が緊急救援を必要としたという面も含め、ＪＯＣＶが現地で直面するジレンマを浮き彫りにしたといえよう。このことは、ＪＯＣＶが現地での滞在や調査活動を通して把握したニーズがＯＤＡのプロジェクトにどのように反映されるのかというＯＤＡの仕組の問題に直結している。一方、ピナＱの側からすれば、ＪＯＣＶ隊員との出会いはＯＤＡ事業の矛盾した側面を直接見る契機となり、同時に、被災者や被災地のさまざまなニーズを知るとともに、日本およびフィリピンの他のＮＧＯとの出会い、協力体制をつくりあげていく契機ともなった。ＯＤＡ事業との直接的な接触を通して見えてきた問題を踏まえ、ＯＤＡとＮＧＯの活動の相互補完的な協力体制の在り方を模索すること、そして、それをアドボカシー（政策提言・代案提示）活動につなげていくことは、今日でもＮＧＯ側に問われている一つの課題といえる。

ピナトゥボ勉強会

ピナトゥボ災害に対する日本の協力体制を官民共同で考える立場として、ＪＩＣＡマニラ事務所主催のピナトゥボ勉強会がマニラで開かれた。この勉強会は、１９９１年７月から92年までに４回開かれている。主な参加者は、政府関係機関としては、ＪＩＣＡ、ＯＥＣＦ、日本輸出入銀行、ＪＯＣＶなどで、ＮＧＯ関係者としては、アジア・ボランティア・ネットワーク、「二四時間テレビ」チャリティー委員会、ピナトゥボ救援の会、セーブ・ザ・チルドレン・ジャパンなど、そのほか報道関係者から構成されている。各自の専門領域や立場からの報告と意見交換を中心に、日本政府関係者、日本人のＮＧＯやボランティアグループ間の相互理解と連携を図ったものである。

主催したＪＩＣＡ側からの暫定的な総括の中には、「ＪＩＣＡ専門家からの報告および現場に密着していく上で有効と思われる」、「各ＮＧＯのターゲットを絞った活動の報告、現場に根ざした経験談は、より現実に適合した援助を行うための参考とすることができる」などが記されていた。この勉強会での報告や意見交換は、官民連携の一つの在り方として、きわめて貴重な試みであったと評価できる。

6　全体としてのビジョン

要点をまとめておこう。

(1)ピナトゥボ災害関連ＯＤＡは、形態別では有償資金協力、分野別ではインフラが中心であった。インフラの中心の援助は、従来の国際協力を通して蓄積されてきた技術や実績がピナトゥボ災害でも生かされたことを意味しよう。

(2)被災民に対する社会サービスや生計向上プロジェクトに対する援助は相対的に見て少なかった。被災民のニーズについては、ＪＯＣＶやプロジェクト形成調査団らによって丹念な調査が行われ優良案件についての提言が行われたが、大半は実現しなかった。

(3)日本の災害緊急援助は、アメリカやイギリスと比べて、現地のＮＧＯとの関係が希薄である。

緊急援助の在り方を考える上で、それらとの関係強化は検討すべき課題といえる。

(4)情報公開と国内広報はすべての案件で問われる課題であるが、ピナトゥボ災害では、とくに金額が突出していた商品借款の実態が不透明であり、課題を残した。

(5)官民の協力・連携として、ＮＧＯによるＪＯＣＶ支援、様々な関係者による勉強会の開催など、ユニークかつ貴重な試みが行われた。

ピナトゥボ災害に対する日本のＯＤＡのかかわりを総体として振り返るとき、日本政府全体のビジョンがやや不鮮明であったことは否定できないと思われる。案件同士の有機的関連は幾つか見いだされるが、全体的なビジョンとの関連で個々の案件の位置付けを把握することは難しい。ピナトゥボ災害のように大規模かつ継続的な災害で、緊急救援にとどまらず復旧、復興、開発といった一連の過程への対応が問われる場合には、特に政府全体としての明確なビジョンが問われる。もとより、一国の援助に限界があることは当然である。であるからこそ、各国ドナーと国際機関がそれぞれの役割の相互調整を図りながら共同で協力体制を構築していくことが必要となる。

最後に、ピナトゥボ災害関連援助に向き合う中で、政府・民間レベルを問わず、日本の国際協力の中で、災害・防災分野に関わるものがもっと拡充・強化されるべきとの思いを強くしたことを記しておく。

第6章　夕張は何を語るか

「『なぜ炭鉱夫になったか』と聞かれたら、『親が炭鉱夫だったから』としか言えないくらい当たり前の状態でね。・・20人採用のところに250人が応募したということで。私は、昭和31年に18歳の時に採用になったんですけど、だから、その頃はエリートなんですよね。選ばれて炭鉱夫になれたと。・・『石炭は250年は掘れるから頑張りなさい』と言われたことを覚えています」

（田巻松雄『夕張は何を語るか』）

はじめに―「石炭の街」夕張

北海道夕張市は、旧産炭地のなかでも、石炭と石炭政策によって発展し、そして衰退した、文字通りの「石炭の街」であった。

夕張の街の歴史は、明治21年、夕張川上流で石炭の大露頭が発見されたことに始まる。翌年には北海道炭礦鉄道会社（後の北海道炭礦汽船株式会社＝北炭）が採掘を開始する。北炭は大正期に三井財閥の傘下に入るが、同時期に、三菱が夕張に進出する。以来、北炭と三菱の二大資本の支配的な力の下で、夕張の地域社会が形成されていく。ただし、夕張の石炭産業をリードし、事実上夕張の街を作ってきたのは北炭である。

夕張は、明治・大正・昭和を通じて、日本の近代化を支えた「黒ダイヤ」を掘り続け、「炭都」と呼ばれるほど繁栄した時代があった。良質豊富な石炭を採掘し、北海道有数のエネルギー供給基地として発展した夕張は、昭和35年には人口約12万人を擁した。しかし、その後、石炭産業の斜陽化に伴い、昭和30年代後半には中小炭鉱、昭和40年代には大手炭鉱の閉山が相次ぎ、夕張の街は衰退していく。平成2年には、最後の炭鉱が閉山し、夕張の街から炭鉱が消える。平成18年4月には、多額の借金と不正な会計処理が発覚し、財政再建団体入りを余儀なくされる。

旧産炭地は、国の石炭政策と炭鉱資本の意向に決定的に影響されて、基幹産業である炭鉱産業を失うという共通の運命を辿った。夕張における大きな特殊性は、炭鉱資本の撤退の仕方とそれに伴う閉山跡処理対策にみられる。事故を直接の契機とする炭鉱資本の撤退はあまりに突然であるとともに、閉山跡処理対策は市が多額の負担を抱える形で進められた。また、財政再建団体入りをした際に、マスコミや一部の研究者が無責任な夕張バッシングを展開した影響もあってか、財政破綻の原因を「市の観光路線の無計画な拡大」に起因するものとみる傾向が強い。しかし、観光開発は、炭鉱産業の衰退と夕張を取り巻く様々な条件に規定される中で唯一の現実的な選択肢であった側面があるとともに、国は観光開発を後押ししてきたという現実がある。また、観光開発の側面をみても、夕張は大資本の意向に翻弄されてきた。今日の夕張は、人口流出や高齢化といった現在の日本における地方都市が共通に抱える課題を示すとともに、国策と大資本に依存してきた地域が直面する困難さを象徴的な形で現しているものと言える。

本論は、石炭の街であった夕張の衰退の歴史を検証する。主に、炭鉱資本が撤退し産炭地としての夕張が事実上崩壊した時期から財政再建団体入りした時期までを念頭に置いて、閉山跡処理に対する国や資本の関わりを基本的な論点としながら、夕張の地域変容の背景を考える。

1　国策としての石炭産業

明治以来、石炭産業は、国策により最重要産業として育成、保護されてきた。敗戦直後から、石炭産業は再び最重要産業として位置づけられ、傾斜生産方式のもとに石炭増産が図られ、政府は石炭産業に巨額の資金を費やしてきた。昭和30年には全国の炭鉱数は６５５を数えた。しかし、同年に「石炭鉱業合理化臨時措置法」が制定され、エネルギー革命の名の下に、石炭から石油への転換が国策として進められる。政府は、昭和36年に「石炭特別調査団」を立ち上げ、スクラップ・アンド・ビルドによる生産の近代化を打ち出す。スクラップ・アンド・ビルドとは、非能率な中小炭鉱を終・閉山させ、代わりに高能率の大炭鉱を新設あるいは生産を集中させていくこと政策であった。この石炭政策の結果、昭和30年代後半から石炭産業の衰退と構造変化が急速に進み、全国の炭鉱が次々と閉山に追い込まれていった。昭和50年には全国の炭鉱数は36にまで激減する。

北海道の石炭産業においても、ピーク時の昭和33年に炭鉱数は１４０を超えていたが、昭和53年までに18に激減する。炭鉱数・労働者数も昭和32～33年をピークに減少し始める。他方、出炭量は炭鉱数・労働者数の減少にも関わらず昭和41年まで上昇する。その後、出炭量は減少し、昭和50年にはピーク時の半分程度の水準に至る。石炭産業の盛衰は国策によって決定的に影響されてきた。石炭産業は、本質的に、国策事業であった。

三好宏一は、昭和35年以前の炭鉱と昭和55年前後の段階で現存する炭鉱には決定的な差異があるとし、その経過を旧生産機構の解体と新しい生産機構の確立過程と捉えた。北海道では、昭和35年頃まで、年間生産量100万トン規模の炭鉱は皆無であった。しかし、55年前後までには100万トン規模の炭鉱が8つ存在した。この変化は、戦前・戦中・戦後を貫いてきた日本石炭産業の編成構造を解体させた合理化過程＝スクラップ・アンド・ビルドによってもたらされたものである。この点に加えて、三好は、石炭産業の合理化が炭鉱労働に対して大きな影響を与えたことを、炭鉱労働者の激減（閉山による離職だけではなく生き残った炭鉱自身が大規模な人員減を行ったこと）、労働時間の延長、常用労働者の減少と下請労働者の増大、低賃金構造の維持・継続、労働災害における死亡・重症率の増大といった諸側面から検証した（三好２００５）。

2　石炭産業斜陽化のなかの夕張

夕張市の人口のピークは昭和35年前後で約12万人（住民登録されていない人口を含む）、当時炭鉱は20を超えていた。昭和35年に刊行された『わたしたちの夕張』（夕張市教育研究所、三、四年社会科郷土読本）では、人口は11万人、「市役所のしらべでは、毎年２千人ぐらいずつふえているので、30年のちには、20万人ぐらいになるだろうとのことです」と述べられている。

しかし、夕張市における炭鉱数、炭鉱従業員諏、人口は、昭和35年をピークに減少に転じる。昭和30年代後半から40年代前半にかけて、中小炭鉱の閉山が相次ぎ、炭鉱数、従業員ともほぼ半減した。ただし、生産量はこの時期逆に増えている。昭和40年代後半になると、北炭夕張第二鉱、三菱大夕張炭鉱、北炭平和鉱、北炭夕張新二鉱等の大手炭鉱の閉山が相次ぎ、この結果、炭鉱数は70年代９から４までに減少し、それに伴い、従業員は９,６１７人（昭和45年）から５,６５５人（昭和54年）、生産量は約３７０万トンから約３００万トン、人口は約７万人から約４万人にまで減少している。また、昭和35年北炭夕張鉱第二鉱でガス爆発により42名死亡、昭和40年夕張鉱第一鉱でガス爆発により62名死亡、昭和43年北炭平和鉱で坑内火災により31名死亡、昭和54年代には三菱南大夕張炭鉱でガス爆発により16名死亡と、断続的に炭鉱事故が起きてきた。

昭和40代末までには、石炭産業の衰退は明らかであった。このような状況のなかで、夕張市が地域再生の柱として重視したのは、炭鉱の近代化と観光開発の２つである。

夕張新鉱の開坑

夕張では、昭和35年代以降、炭鉱の閉山と合理化が進む一方で、新しく開坑された炭鉱が２つある。三菱南大夕張炭鉱（昭和40年開発工事着手、昭和45年営業出炭開始）と北炭夕張新炭鉱（昭和45年開発工事着手、昭和50年営業出炭開始、以下新鉱）である。いずれも最新鋭のビルド鉱の2つであり、夕張における石炭産業の存続はこの２つの炭鉱にかかっていたと言える。

昭和30年代後半の当時の状況としては、政府の石炭政策によって中小炭鉱の閉山が相次ぐ一方で、九州有明地域、南大夕張地域が未開発炭田開発地域の指定をうけ、多額の開発資金の援助を受けて開坑に着手していた。この背景としては、昭和43年の第四次石炭政策のなかで、石炭の安定した生産と供給態勢を確立する必要性が謳われたことが大きい。また、エネルギー革命下での石油資本の攻勢を前にして、石炭産業は原料炭への比重を高め、有望な原料炭炭鉱の開坑に望みを託した。このような国策や状況を背景に、昭和43年北炭は新鉱開発部を設置し、最優良原料炭を年間１５０万トン発掘しようという壮大な構想の下に、新鉱の開発計画をまとめ、昭和45年に開発工事に着手した。

昭和43年当時、北炭は、夕張鉱、平和、幌内、清水沢、真谷地の5炭鉱といくつかの系列炭鉱を有し、石炭業界に君臨しているといえる存在であった。北炭は昭和45年に、北炭労連に対して、夕張鉱、平和鉱、清水沢鉱を閉山して、平和、清水沢鉱を新鉱に移行するという提案をしている。この提案にあるように、北炭の考えは、所有する炭鉱をすべて新鉱に集約し、生産を集中させるというものであった。この意味で、新鉱は北炭グループが企業の存亡をかけて開坑した炭鉱であったと言える。当初昭和48年からの営業出炭が目指されていたが、開発工事が遅れ、実際の出炭開始は昭和50年であった。新鉱の関係者だけで夕張市の人口の37％（23の関連企業を含めると60％）を占めていたという事実（『新鉱』110頁）が、北炭と新鉱の存在の重さを語っている。

観光開発

新鉱の営業出炭が開始された昭和50年当時、夕張市の人口および炭鉱従業員はともにピーク時の半分に落ち込んでいた。夕張市にとって、三菱大夕張炭鉱と北炭新鉱は地域再生の鍵を握るものであった。しかし、基幹産業である石炭産業の衰退が避けられない情勢のなかで、市は石炭に変わる新たな地域振興策を構想し始めていた。

昭和52年10月に閉山した北炭夕張新二鉱の跡地対策として石炭の歴史村構想が浮上した。翌昭和53年には「石炭の歴史村建設基本計画書」が完成し、同年内に建設工事が着手されている。昭和55年、「石炭博物館」が開館するとともに、（株）石炭の歴史村観光が設立された。石炭の歴史村構想は、石炭を採掘していた本物の炭鉱（模擬坑）を軸に、石炭産業が日本経済に大きな役割を果たしてきた歴史を後世に残すことを目的の1つとするものであった。

「石炭の歴史村建設基本計画書」が出された昭和53年は、北炭と夕張市が町の命運をかけた新鉱が営業出炭を開始して3年目の年に当たる。この時期に、歴史的遺産としての炭鉱を売り物にする観光開発が売り出されたことには、様々な意見があったようである。また、ビルド鉱への期待が寄せられているなかで、観光開発は、いきなり石炭に代わる地域振興策の軸として位置づけられていたわけではない。それはむしろ、炭鉱事故等による疲弊した夕張の暗いイメージを払拭させ、他からの来訪者に期待が持てる町に変え、魅力のある町として企業立地が図れるためのイメージチェンジを図る目的が強いものであった。

しかし、観光開発は、市の地域振興策の中心的な戦略としての性格を強めていく。この背景には、2つの出来事が大きく関係する。1つは、市及び北炭が期待をかけた新鉱が昭和56年に93人の死者という大災害（戦後の国内の炭鉱事故では戦後三番目の大規模災害）を起こし、全市をあげての閉山阻止運動にも関わらず、翌年に閉山に追い込まれたことである。新鉱は開坑から6年余の短命に終わった。もう1つは、昭和62年以降の国の石炭政策を示した第八次石炭政策（昭和61年）が国内炭生産の段階的縮小を示し、事実上、石炭産業の展望が奪われたことである。これは、第八次石炭政策が終了する5年後までに、炭鉱は閉山せざるを得ないことを意味していた。一方で、市は企業誘致を図るべく、工業団地の計画的造成を行ったが、その効果は芳しくなかった。昭和50年当時、夕張への進出企業（製造業）は13、従業員500人程度で、その経済効果は限られていた。このような背景の下で、夕張は観光開発への比重を強めていった。

炭鉱離職者問題

炭鉱の閉山は、大量の失業者を一挙に生む。新鉱閉山では、全従業員が解雇された。閉山直後に行われたアンケートでは、7割を超えるものが炭鉱への就職を希望していた。新鉱再開発に期待が寄せられていたことが背景にあったと思われるが、新鉱再開発は昭和63年7月に断念されている。閉山後に職安が求職受理した数は、直轄2,014人、下請391人の計2,405人であった。炭鉱離職者求職手帳が失効する3年間の就職状況をみると、職安斡旋等による就職者は1,285人（53・4％）、未就職のまま3年間の期間満了により夕張で手帳が失効となった人は425人（17・7％）、その他は移転・求職取消しなどであった。就職者のうち、再び炭鉱で雇用されたものは950名で、その炭鉱別内訳は、北炭真谷地鉱316人、三菱大夕張炭鉱110人、北炭幌内炭鉱236人、空知炭鉱108人、その他の炭鉱下請等は180人であった。一方、昭和50年代後半に夕張に誘致された企業に就職した人は47人であった（夕張公共職業安定所１９８６)。炭鉱下請等に就職した人の地域別状況の詳細は不明であるが、仮にそれを含めても、夕張で再就職できたものは半数程度に過ぎなかったこと、炭鉱就職者の約２割は下請になっており、炭鉱閉山を契機とする夕張からの人口流出とより労働条件の不安定な職への移動が見て取れる。

ちなみに、昭和40年から昭和51年までの北海道の炭鉱離職者の就職状況を見ておくと、就職者に占める道外出身者は平均約2割を占めていた。炭鉱離職者の道内での再就職先は炭鉱が多く、数度閉山に遭遇したものも相当いたと思われる。一方で、炭鉱以外への一般産業への就職に関しては、昭和48年の石油危機を原因とする経済変動があるまでは道外就職も多く、約４割を占めていた。昭和45年の２,０８１人を最高に毎年１,０００前後が大手製造業を中心に道外へ行っていた。昭和38年から昭和45年までの動向をみると、一般産業への就職者は道外が道内の約3倍を占めている。高度成長期、北海道の炭鉱離職者は、本州における製造業労働力の供給源となっていたことが確認される。石油危機以後は、炭鉱離職者の道外就職は一時急減することとなる（北海道労働部１９７０、１９７８)。

3 閉山跡処理問題

北炭の撤退の仕方

新鉱の閉山に続き、真谷地炭鉱の閉山（昭和62年）を経て、夕張における北炭の歴史は幕を閉じる。三菱南大夕張炭鉱も平成2年に閉山し、夕張の炭鉱の歴史は終わる。

新鉱の閉山は、夕張の財政や生活基盤に甚大な影響を与え、夕張の石炭産業を消滅に追い込む直接の引き金となった。大量の失業者の発生とそれに伴う人口流出や税収の激減に加え、閉山跡処理が夕張の財政を逼迫させた。閉山跡処理問題とは、炭鉱撤退後、市が新しい地域社会の構築に向けた社会基盤整備を強いられた問題をさす。

旧産炭地に特有なこととして、住宅・水道・電気・浴場・病院など地域の生活共同手段の大半を炭鉱資本が所有・負担してきたことがある。生活共同手段の多くは、北炭と三菱によって、昭和初期までに整備されたものである。特に北炭では生活に必要なものはすべて「ただ」で、使うのは米代と酒代だけと言われるような状況があった(座談会２００７)。社会生活は「資本丸抱え」の状態であった。

生活共同手段の整備に多額の費用を負担することになったことには、北炭の撤退の仕方が大きく関係している。まず、労務債の弁済問題があった。労務債とは、会社側が労働者に支払うべき未払い金を指す。新鉱は、北炭が夕張にあった新二鉱、清水沢鉱などの閉山によって得た巨額な閉山交付金をつぎこんで開発されたヤマであった。閉山交付金は本来、炭鉱閉山とともに職を失う労働者の退職金に当てられるものであるが、北炭は新鉱で労働者を雇用する代わりに、退職金の繰り延べを求め、組合に了承させていた。退職金やボーナス、賃金の差額分、社内預金を含め、労務債は１２３億円に上っていた。労務債を未払いのままの閉山は、新鉱以外例がない（『地底の葬列』56―68頁）。この労務債の問題は、政府レベルの議論でも、北炭問題を処理する最大の課題であると認識され討議された。新鉱の閉山と再建断念の背景として、北炭から分離独立して急成長を遂げた三井観光開発等の北炭グループが労務債弁済に対する資金協力を拒否したことが大きい。

北炭は会社更生法の適用を受けた。北炭の国や金融機関などへの負債は総１,０４０億円強に及んでおり、夕張市も14億円を融資していたが、返済は１億６０００万円にとどまった。鉱山税の未払い分61億円は踏み倒された。次に、北炭は労務債の返済に充てるために保有地の処分を進めた。北炭は社保有の土地を約26億３,７００万円で夕張市に有償譲渡した。

夕張市が北炭から引き取った住宅等の共同生活手段整備にはさらに大きな財政負担がかかった。引き取った住宅は約５０００戸であったが、多くの住宅が老朽化しており、住宅の整備・

解体、新規公営住宅の建設等が必要であった。北炭が市内九ケ所で無料開放していた浴場は、その後、市が6箇所に集約する形で開設した。上水道は公営水道の規準を満たしておらず、整備復旧に15億円が投じられた。市内唯一の総合病院だった夕張炭鉱病院の買い取りは9億円かかった。

新鉱の取締役であった赤石昭三氏の私記(『私記　夕張新炭鉱の大事故―私家版』)によれば、閉山跡処理問題に対する北炭の姿勢は「大政奉還」というべきものであった。それは、「地方自治体として本来なすべきことについては、会社は一切手を引いて市にすべてを任せる。それ以外のことは、更生会社の帰趨が決まるまでの間、現行の管理体制を縮小し、ある特定の関連会社にそのまま持ち込んで管理を委託するということを考え」(307頁)であった。資産の有償譲渡については、更生計画を成り立たすためには必要だったということであろう。譲渡で最後まで問題になったのは、専用水道であったという。開坑以来使用してきたダムは老朽化が激しく維持が大変であり、市関係者は全面的な改修が必要で費用がどれだけかかるか分からないと猛反対した。それに対し、氏は「本来、市が行うべきことを企業が今まで代わって行ってきただけであり、企業が管理する能力を失った状況下では、市民生活に絶対欠かせない部門については、どれだけ金がかかろうとも市は行う義務がある」(308頁)という「開き直り」(赤石氏自身の言葉)ともいえる論理を展開し、認めさせた。

以上のように、夕張市が閉山跡処理対策事業で大きな負担を背負ったのは、北炭が不要になったものを放り出し夕張市に高く買い取らせるだけで、閉山跡処理に何の協力もしなかったことが決定的に大きい。同じ産炭地である赤平から住友炭鉱が撤退した際には、住友グループの力を借りて企業誘致活動を繰り広げた、跡地利用促進のために所有する私有地を安く市に提供した等、一定の社会的責任を果たしたと言われる。また、三菱南大夕張炭鉱の場合は、撤退に際し夕張市に対して10億円の基金を拠出している。北炭関係者は「（撤退時）に資産を市に引き取ってもらわなければ、更生計画は成り立たなかった」（北海道新聞、２００６年12月23日）と語っているが、北炭の無責任さは明白である。

ただし、北炭にとって不要と化したものを夕張市が買い取った関係を、北炭の市に対する一方的な押し付けと見ることは出来ない。例えば、北炭保有地の有償譲渡は、中田市政（当時）の観光開発ヴィジョンと直結する問題であったろう。赤石氏によれば、中田市長は、従来の城下町から脱皮し、独自の市政執行の好機として、北炭の申し入れに対して好意的に対応してくれたという。「北炭の保有地などは、むしろ中田氏が観光開発に利用するために積極的に買い取りに行っていたフシもある。北炭夕張の閉山が夕張破綻の遠因となったのは確かだが、理由としては市の財政負担が増したことよりも、中田氏の拡大路線に弾みがついたことのほうが大きい」という指摘もある（日本経済新聞社編２００７、62頁）。

昭和58年５月の石炭対策特別委員会において、中田市長は「・・人件費の大幅な削減、そういうことを初めとして切り詰めるところは徹底して切り詰める、しかし、市民に対する都市施設や何かの整備は後ろを向いてはいけない、これからの夕張再建のためにはそうしなければならぬということで取り組んでいるわけでございますので、それに対する補助金や起債、そういうことのお認めをいただくことが大事であります。それからさらに、北炭の用地がありまして、その用地が非常に荒廃しているために、それが都市建設、再開発に非常に大きな影響を及ぼしている。この土地は固定資産評価額にして十五億円、この金をひとつ何とか過疎債等でお認めをいただいて、そして市の所有地にしてこれからの再開発に前向きに取り組みたいという課題を抱えておりますし、今後も特別交付税や補助金のかさ上げ、起債のかさ上げ等さらに特段のお願いをしたいというのが本当の趣旨でございます」(石炭対策特別委員会第4号、昭和58年5月24日)と述べ、北炭用地を利用した都市開発の必要性とそれに対する財政支援を訴えている。北炭保有地の有償譲渡は、中田市政の観光開発ヴィジョンと直結する問題であったろう。夕張の巨大企業であった北炭と夕張市政で圧倒的な権力を有した中田市長との特別な関係のなかで生まれた閉山処理対策であったと捉えるのが妥当である。

なお、北炭の資産有償譲渡に関して、国の関与があったのではないかという質疑が国会答弁で行われている。すなわち、「…現在の市の財政負担の原因になっているのは北炭夕張炭鉱会社の炭鉱の閉山である。北炭が職員の退職金が払えないのを憂慮した国が退職金の財源に充てるため北炭の施設を有償で夕張市が引き継ぐよう誘導したのではないか」との質問に対し、国は、「…北炭の職員の退職金は、国並びに石炭鉱業合理化事業団及び新エネルギー総合開発機構（現在の独立行政法人新エネルギー・産業技術総合開発機構）が北炭に交付した『石炭鉱山整理促進交付金』（総額約52億4千万円）によりほぼ満額手当てされており、北炭は退職金の充当のため、その施設を同市に引き継ぐ必要はなかったものと認識している」（衆議院議員滝実君提出夕張市の財政再建案の作成に関する質問に対する答弁書、内閣衆質165第222号、平成18年12月15日）と回答している。

閉山跡処理対策事業の全体状況と問題点

表1は、夕張市の閉山跡処理対策事業の全容を示している。閉山跡処理という言葉からはややイメージしづらいが、閉山跡処理事業には観光整備事業や公園施設整備事業も含まれている。これらについては後述することとして、ここでは、全体状況を見たうえで、生活共同手段整備に焦点を当てて整理しておこう。

閉山跡処理対策事業費の累計総額は583億3,500万円にのぼっている。そのうち、国と道が支出した累計額は185億3,200万円、332億1,600万円が地方債という形での夕張市の負担であった。国と道の拠出は事業費全体の三割程度に過ぎず、夕張市が6割近く

表１　夕張市の閉山跡処理対策（1979 年度から 1994 年度までの社会基盤整備等の状況）　（単位：百万円）

区分	事業費	左の適用財源		適　用
		国・道支出金	地方債	
住宅・浴場水道整備等	14,991	8,271	6,186	公営住宅　64,100 戸建設 市営浴場　7 か所建設 生活感等集会施設　10 か所建設
学校教育施設整備	8,798	3,929	4,110	学校建設　総合新築校舎　小学校 6 校　中学校 3 校 大規模改修　中学校 1 校
道路施設整備	5,399	2,049	2,966	道路新設及び改良事業　30 件　延長 10,769km うち橋梁 5 橋 その他、生活道路及び側溝整備
公園施設整備	4,680	1,084	3,156	石炭の歴史村公園・滝ノ上公園・ローズガーデン・メロン城公園ほか 4 施設
体育施設設備	3,059	812	1,844	総合体育館・テニスコート (9 面)・市営プール (4 か所)・平和運動公園
退職手当債	6,576		4,687	職員削減　278 人
その他	14,847	2,387	10,267	観光開発整備　事業費　4,176 百万円　石炭博物館等の歴史施設ほか 産業開発整備　事業費　1,494 百万円 農産物処理加工等施設メロン加工研究施設ほか 農業基盤等整備　事業費　1,495 百万円 社会教育施設整備　事業費　1,479 百万円 市民福祉施設整備　事業費　1,622 百万円 消防施設整備　事業費　612 百万円 衛生施設整備　事業費　740 百万円 閉山対策処理経理　事業費　1,745 百万円 その他　事業費　1,484 百万円
計	58,350	18,532	33,216	

出張：夕張市財政部資料

の事業費を負担している。

単純な比較ではあるが、平成18年６月段階で確認された夕張市の債務全体は６３２億円である。閉山跡処理で発生した地方債３３２億円は、夕張市が18年かけて返済していく借金３６０億円に近い額である。夕張市はこの地方債で毎年20億円前後の償還負担を強いられてきたが、市税収入が10億円程度であることを考えると、この負担の重さが想像できる。

事業費が最も多いのは、住宅・浴場・水道整備１４４億９,１００万円、次が学校教育施設整備の87億９,８００万円で、この２事業で事業費合計５８３億５,０００万円の39・３%を占める。

住宅・浴場・水道整備においてのみ、国・道支出金は地方債を上回っており、その差は約20億円である。ただし、学校教育施設整備では、国・道支出金と地方債はほとんど同額である。各事業の事業費に占める国・道支出金と地方債の割合（小数点第二位以下四捨五入）を示すと、住宅・浴場・水道整備等で国・道支出金55・１%、地方債41・２%（以下、この順）、学校教育施設整備44・７%、46・７%、道路施設整備38・０%、54・９%、公園施設整備23・２%、67・４%、体育施設整備26・５%、60・３%、その他16・１%、69・２%となり、退職手当債は地方債のみで71・３%を占める。住宅・浴場・水道整備と学校教育施設整備の２つの事業を合わせてみると、国・道支出金51・１%、地方債43・１%となる。全体でみると国・道支出金の占める割合は３割程度であるが、生活共同手段整備事業でほぼ半分を占めている。

上記の表以上の詳細は分からない。国会では、以下の答弁が出されている。

「北海道空知管内の旧産炭地域の自治体は、炭鉱閉山の跡処理のために膨大な財政投入と地方債の発行をせざるを得ず、撤退する炭鉱会社所有の住宅や広大な土地、道路・上下水道・病院などの施設を取得、継承し、多額の債務を余儀なくされ、これが自治体財政を圧迫し続けてきた。夕張市の『閉山跡処理対策（昭和54年度から平成6年度までの社会基盤整備等の状況）』によれば、住宅・浴場・水道整備等を始め、総額約583億円の事業が行われたが、うち約332億円を地方債で賄っている。昭和57年の北炭夕張新炭鉱閉山に伴う財政負担に関し、炭鉱離職者就職などの雇用対策、水道や病院などの公的サービスの継承・整備事業、転業・運転資金などの商工業者対策、老朽炭住除去・支援住宅の建設や跡地対策、集落の消滅や人口変動による小中学校などの地域対策等、夕張市、北海道、国ごとの負担額を明らかにされたい」との質問に対し、国は、「昭和57年の北炭夕張新炭鉱の閉山に際しては、北炭夕張炭鉱株式会社（以下「北炭」という。）の職員への退職金等の支払のため、国及び新エネルギー総合開発機構（現在の独立行政法人新エネルギー・産業技術総合開発機構）が北炭に対し『石炭鉱山整理促進交付金』等（総額約36億7千万円）を交付したところである。一方、御指摘の各事業については、夕張市において同炭鉱の閉山対策のみではなく、一般的な地域振興策として実施されたものであり、同炭鉱の閉山に伴う事業として各事業の内容を区分しているものではない。お尋ねのすべての事項について調査を行うことは、膨大な作業を要することから、お答えすることは困難である」と答えている（「参議院議員紙智子君外二名提出夕張市の『財政再建計画』等に関する質問に対する答弁書」（内閣参質１６６第７号、平成19年２月27日）。

国は、閉山跡処理対策の債務が夕張市の財政悪化に影響を与えたかという質問に対しては明言を避け、各事業における夕張市、北海道、国ごとの負担額について答えることは困難との立場を示している。

4　観光開発の性格と課題

観光開発の性格

市は昭和50年代後半から、「炭鉱から観光へ」をキャッチフレーズに、石炭の歴史村構想を中心とする行政主導の観光開発を進めた。後に市長となる中田鉄治は、ディズニーランドが注目を集める数年以上も前の昭和52年頃から、石炭の歴史村構想を考えていたと言われる。中田は、昭和54年市長に初当選後、観光開発を本格的に進める。昭和58年には、大型遊戯施設が完成して、石炭の歴史村が全面オープンする。昭和58年はディズニーランドがテーマパークとして開業し、全国的に「テーマパーク元年」と呼ばれた年である。

石炭の歴史村オープンが観光効果に大きな成果を挙げたことは確かである。昭和50年代前半まで40万人規模だった観光客は、昭和58年には一挙に１２０万人にまで増える。以降、観光客数は平成２年までほぼ毎年２００万人規模で増加し続ける（ピークは平成2年の約２３０万人）。この間、昭和53年には、松下興産がスキー場とホテルを買収して、営業を始めている。石炭の歴史村誕生から平成期に入った数年間、夕張は本格的な観光到来の時代を思わせた。

中田市政の強力なリーダーシップの下での観光開発の性格として、２点指摘しておこう。１つは、博物館学の立場から見て、石炭の歴史村の石炭博物館は日本でも代表的な産業史博物館と位置づけられる。通常、公立の博物館が設置される場合、博物館法の規定によって、当該地方公共団体の条例に基づくこととされている。しかし、夕張市の石炭の歴史村に関わる条例は「夕張市観光施設設置条例」であり、そこでは、石炭博物館は観光のなかの一施設として扱われているに過ぎない。つまり、法令上、公立の博物館に必要な基礎的条件を満たしていない。自然史、産業史、生活史などの立場から総合的に石炭や炭鉱の歴史を学べる貴重な博物館でありながら、その点に関する市の理解と配慮は極めて不十分であった(矢野２００８)。このような考えにも規定されて、石炭の歴史村は、当初の石炭博物館を軸に据える建設基本計画を、全市をあげての「観光のマチ」とする市政方針に合わせ、歴史や文化の施設よりも「観光」に重点を置く施設作りを続け、拡大していくことになる。

もう1つ、財政的な観点から見れば、観光投資は、自主財源に乏しく、国からの補助金や市債発行による財源に深く依存してきた。その財政運営は、国からの補助金が途絶えると忽ち財源が不足し事業が成り立たなくなるという脆弱性・危険性を内在させていた。このような問題を抱えながらも、観光開発が拡大したのは、中田の政治手腕によるところが大きい。中田の政治の性格を一言で言い表すなら、旧産炭地を窮状に追い込んだ国の石炭政策の責任を追及する形で国や道から多額な援助を引き出してきたことにある。「国からいくら借金をしてもいい」、「行政に倒産はない」、「観光客が増えれば借金は返せる」等を信念として、中田の観光開発路線は拡大していった。中田は6期24年の長期政権を敷くが、この一因として、夕張には、大きな犠牲を払いながら国の石炭政策に応え日本の発展を支えてきたという炭鉱まちの自負があり、国策によるまちの衰退のなかで、政府に対して交渉しうる強力な政治力を持つリーダーを待望・支持する土壌が形成されていたことがあると思われる。

財政破綻の要因と国・資本の関わり

夕張の観光産業のピークは平成2―4年頃である。平成13年からは観光客数の落ち込みが顕著になる。財政破綻に陥る背景として大きく問題だったことは、観光産業に陰りが見え始めたこの時期でも、観光拡大路線が継続された点にある。平成13年以降の主な観光整備事業としては、郷愁の丘ミュージアム公園（平成13―17年、4億2,300万円）、センターハウス（平成14年、3億3,800万円）、「北の零年」希望の社（平成17年3,600万円）がある。この3事業に約8億円が投じられている。以上の観光拡大路線を可能にした一因は、長期政権の下で、事実上、中田氏が独占的な政治力を発揮する専制化が進んでいたことにある。しかし同時に考慮すべきは、市の観光拡大路線を国が支持してきた側面があったことである。

第9回地方分権改革推進委員会（平成19年6月15日）は、8名の事務局・委員のほか、夕張市長・

副市長・市議会議長、北海道副知事、国の関係者等計17名が出席し、夕張市に関する集中審議を行っている。夕張市の財政破綻及び財政再建の経緯、夕張市において行われた国庫補助事業、夕張シューパロ事業等について、夕張市、夕張市議会、北海道及び関係各省から説明が行われ、これを基に質疑及び意見交換が行われた。

この委員会の議事録（『第9回　地方分権改革推進委員会〜夕張市に関する審議』地方分権改革推進委員会会議室、平成19年6月15日、以下、議事録報告書）を見て気づくことは、北炭の一文字も出ていないことである。また、炭鉱閉山後の生活基盤整備等の実施に多額の費用がかかり、市が大きな経済的負担を負った点にもわずかな言及があるだけである。この委員会での審議も、夕張市財政破綻に対する北炭や国の責任の問題は意識的に避けていると言わざるを得ない。ただし、夕張市において行われた国庫補助事業のデータが関係省庁から提出されている点を含め、夕張市の観光開発事業に対する国・道の関わりがある程度知れる。国からは、「夕張市所有の観光施設に係わる国庫補助負担金」（農林水産省と経済産業省関係）、「夕張市において実施された国庫補助事業」（国土交通省）の3種類のデータが提出されている。それらのデータを整理すると、以下のような特徴が浮かび上がる。

全体の事業費は147億3千万円（百万以下切り捨て、以下同じ）である。全体の事業費を市・国・道別に見ると、市負担額123億（83・5％）、国負担額21億8千万円（14・8％）、道負担額

2億4千万円（1.6％）となる。施設整備事業は、国庫補助事業（66億7千万円）と市単独事業（80億6千万円）に分かれる。国庫補助事業を市・国・道別に見ると、総額66億7千万円のうち、市負担額44億4千万円（66・5％）、国負担額21億8千万円（32・6％）、道負担4千万円で（0.6％）である。単独事業を市・道別に見ると、総額80億6千万円のうち、市負担78億6千万円（97・5％）、道負担2億円（2.5％）である。

夕張市の観光関連の施設整備事業に対する国と道の補助を比較すると、全体で国負担14・8％、道1.6％で圧倒的に国の関与が高い。国庫補助事業は13事業に対して行われている。国庫補助事業における国負担額21億8千万円（32・6％）であるが、そのうち38％が石炭の歴史村公園関連である。歴史村公園関連事業は、すべて都市公園事業費補助事業として行われた。

総額150億円もの巨額が観光関連の施設整備事業に費やされてきた。ただし、先に見たように、住宅・浴場・水道整備事業だけで約150億円を要しているので、閉山跡処理対策において、観光関連の予算が突出して多かったわけではない。また、国庫補助事業では3割強、全体の事業費では約15％が国負担であり、夕張の観光拡大は中田政治の暴走というイメージで語られる傾向が強いが、それを国が支えてきた側面は見逃せない。平成13年以降の事業でも、郷愁の丘ミュージアムでは35・7％、センターハウスでは46・7％、「北の零年」希望の社では13・9％を国が負担している。なお、石炭博物館を始めとする石炭歴史村のいわゆる箱物は、大半が市の単独事業で行われている。

この委員会では、国の補助金のバラマキ的な体質にも批判の声があがっている。具体的に言及されたのは、経済産業省が関わったシネマのバラード（中心市街地商業等活性化総合支援事業費補助金）である。この事業は、映画をテーマとした複合商業施設であるシネマのバラードの整備やシネマの関連商品の販売といった事業が組み合わさったもので、全体事業費が６億４千万円、国庫補助金は２億３千万円（36％）であった。この事業について、国の関係者は、施設が出来たかどうか程度の把握で終わっており、厳密なチェックは直接していなかったと述べており、国庫補助事業の杜撰な管理の一端が明らかになっている。

財政破綻の大きな背景としてもう１つ触れる必要があるのは、松下興産の撤退である。第９回地方分権改革推進委員会の審議では、夕張市財政破綻の決定的要因とも言えるマウントレースイの26億円での買い取りに厳しい指摘がなされている。松下興産はリゾート開発ブームのなかで夕張に進出し、平成２年マウントレースイを竣工し、翌平成３年にはホテルシューパロを買い取った。しかし、リゾートブームが退潮すると、松下興産は平成８年にシューパロを市に買い取らせ、平成14年にはレースイからの突然の撤退を表明する。市は、大企業の身勝手な行動の跡処理をする形で、26億円の巨額を投じてマウントレースイを買い取った。26億円は、観光関連の市単独事業費の半分を超える額である。先の委員会では、市の関係者から、26億円の積算根拠について市長側から何の説明もなかったこと、したがって算定額の内訳を把握した上で議決をしたわけではないこと、契約に関わる資料が保存されているのか承知していないこと等の発言が出ており、極めて不透明な形で高額な買い物がなされたことが露呈されている。さらに、市の関係者からは、議会総体としては高すぎるという意見にはなっていなかったと記憶しているとの発言も出ている。

5　財政破綻の背景と教訓

北海道新聞社が、夕張市の財政再建計画が正式に始まる直前に夕張市民３００人を対象にして行った世論調査がある（平成18年３月23－25日、北海道新聞が北海道新聞情報研究所に委託して実施、電話帳から無作為に抽出した夕張市内の20歳以上の男女３００人に電話で聞いた調査）。「夕張市が財政再建団体になった最大の原因は、何だったと思いますか」の問いに対する回答は、「観光事業への過大投資」（37・７％）、「国による不十分な炭鉱閉山対策」（19・７％）、「市の不適正な会計処理」（13・３％）、「市議会などのチェック機能の不足」（12・７％）、「財政に関する不十分な情報公開」（6.0％）、「人口の急減」（3.0％）、「地方交付税の削減」（2.3％）となっている。また、「夕張市が財政再建団体になった責任は誰にあると思いますか」の問いには、「中田鉄治・前市長」（52・0％）、「国や道」（18・3％）、「夕張市民自身」（12・0％）、「夕張市議会」（9.3％）、「後藤健二・現市長」（1.0％）という結果が出ている。原因については、「観光事業への過大投資」、責任については、「中田鉄治・前市長」が最も問題視されている。しかし、この結果は、「見えやすい存在」に目が行ったという側面を多分に有するだろう。夕張市の閉山跡処理対策としての生活基盤整備や観光開発事業に国や道がどのように関わってきたのか、その実態はあまりにも見えていなかった。閉山跡処理のデータや上記の委員会審議で提出されたデータも、財政再建問題が表面化する前は、ほとんど知られていなかったものである。

本稿が検証したように、財政破綻問題は、特定の原因や責任を取り上げて解釈できるような単純なものではない。観光開発は、構想当初から、石炭に代わる地域振興策の軸として位置づけられていたわけではない。石炭産業の斜陽化が確実視され、企業誘致が思うように進まないなかで、観光開発は現実的な選択肢であったと思われる。財政破綻問題に関係する要因としてむしろ重要なのは、第一に、炭鉱資本の命運をかけて開坑したビルド鉱が大事故を引き起こし短命に終わるという悲劇があったことである。第二に、身勝手な炭鉱資本と中田長期政権の間での不透明な関係のなかで、閉山跡処理に要する莫大な費用を市が負担することになったことである。第三に、観光開発に過剰な投資が行われたことがあるが、これには観光開発を後押ししてきた国の責任も関係する。第四に、観光に関わっていた大資本の突然の撤退は、夕張の財政を直撃したことである。このように、財政破綻問題は、「観光事業への過剰投資」なのか「国による不十分な炭鉱閉山対策」なのか、あるいは「中田・前市長」と「国や道」のいずれなのかというように、関係する原因や責任を切り離してみようとするのではなく、それらを総合させて捉えるよう思考でなければ理解できない問題である。

市民の視点からして、夕張の歴史から見える最大の教訓は何か。それは、行政に頼りきり・任せきりの体質が悲劇的な結果をもたらしたことだろう。行政依存は、中田市政の長期政権と観光事業への過大投資を防げなかった大きな要因であると思われる。行政依存には、炭鉱資本が圧倒的な支配力を有するなかで、すべてを会社に委ねてきた「オンブにダッコ」式の炭鉱文化ともいえるものが大きく影響しているのかもしれない。長期にわたる行政依存の最大のつけは、財政再建計画が市民不在の行政主導で進められ、財政破綻の原因や責任が多面的に検証されることなく、すべての責任が夕張市民の手に課せられてしまったことにある。

夕張市民は、自らの手でマチをどのように再生させていくのかという重い課題を背負い続けていくことになる。

第7章

日本における外国人労働者

―韓国との比較を通して

「日本に来て最初に就いた仕事を今現在も継続しています。製紙会社の工場で勤務しています。その工場は古紙をトイレットペーパーに再生する工場です。・・私自身が不法滞在であったことに関しては別に恥ずかしくもないし気負っているつもりも全くありません。不法滞在をしている人たちというのはだいたい悪い人とかよくない人に見られるかもしれないけれども、私自身ちゃんと学歴もあるしちゃんと仕事もしてきたし、そういう面で他の人に差別をされても私は全然問題とは思ってはいません」

（田巻松雄『越境するペルー人』）

1　東アジアにおける外国人労働者問題をみる目

就労を目的として大量の外国人が日本へ流入し始めて20年以上が過ぎた。現在、日本では少子高齢化が急速に進んでおり、外国人との共生を図り、外国人のパワーを活用することは日本経済の再生や地域の活性化実現のために不可欠なものとなっている。これまで、外国人労働者を安価な労働力と使い捨ての対象と見る雇用システム・労働慣行が強く存在してきたことは否定できない。現状を放置すれば、外国人労働者は日本から流出し、新規流入の見込みも厳しくなっていくであろう。

日本政府もこのような事態を意識し始め、外国人労働者政策を「管理」から「共生」や「統合」へとシフトすることの重要性を指摘するようになっている。その際最も広く使われている言葉が「多文化共生」であろう。本稿は、韓国の経験を比較参照しながら、日本の外国人労働者政策を振り返る。日本と韓国はともに労働力受入後発国として、外国人労働者導入に伴う「利益最大化」と「コスト最小化」を実現・維持するために厳格な入国管理制度をとってきた。本稿では、こうした政策の特徴と問題性を整理・検討することを主眼とし、最後に、「多文化共生」に向き合うために必要な論点を提示する。

東アジアにおける労働力移動

１９８０年代後半、東アジアにおける就労を目的とした人の移動は大きな転換期を迎えた。東南アジアのタイ・マレーシア、都市国家型経済の香港・シンガポールに加えて、北東アジアの日本・韓国・台湾が越境労働力の新たな求心国・地域として浮上した。この結果、１９９０年代までには、東アジア地域の国家は、ほぼすべて、労働力の送出国、受入国、あるいは双方の役割を担う国として国際労働力移動に関わることになった。

これらの東アジア各国へ外国人労働者が大規模に流入した背景はほぼ共通している。これらの諸国では80年代経済成長に伴い全般的に労働力不足が生じた。労働力不足には、教育水準の上昇などによって、若年労働力を中心に労働集約型産業や労働条件の良くない職場を忌避する傾向が強まったことが関係している。そして、経済成長に伴う全般的な国内労働力の賃金上昇は、近隣アジア諸国との賃金・所得格差を拡大し、外国人労働者を誘引する大きな要因となった。

これらの諸国では、おおむね１９８０年代末まで外国人労働者を受け入れる体制が整っておらず、流入した労働者が非正規化（「不法化」）した点も共通する。マレーシアでは早くから非正規滞在者問題が顕在化していた。タイでは80年代後半以降にミャンマー、ラオス、カンボジアからの非正規滞在者が急増した。日本・韓国・台湾でも、外国人労働者政策は労働力不足と増加する非正規滞在者への対応として始まった。

日本と韓国

日本と韓国は外国人労働者政策とその実態の面で共通することが多い。まず、「後発性」という共通性がある。アジアの主たる労働力受入国は、シンガポールを除き、ほぼ１９８０年代に労働力受入れを経験しており、世界的にみれば後発的な労働力受入国である。日本と韓国は最も後発的な受入国に属する。戦後の労働力移動の求心点は、大まかに言って、ヨーロッパ、中東、アジアへとシフトしてきた。一般に、後発的な受入国ほど、他国の経験を参考あるいはモデルとしながら、外国人労働者導入に伴う「利益最大化」と「コスト最小化」を実現・維持するために厳格な入国管理制度をとってきたと捉えられる。

もう１つの共通性は、外国人労働者の規模に関わる。90年代、日本と韓国での労働力総人口に占める外国人労働力の比率は１％台で推移した。その比率が二桁におよぶタイやマレーシアに比べればはるかに小さい。これは、いずれも制限的な受入政策を取ってきたことに起因している。以上の２点は、台湾も共有する特徴である。

外国人労働者の受入と政策における日本と韓国の類似点は、以下のように整理される。第一に、両国とも、非専門的な単純労働分野といわれる低熟練技能分野での外国人労働力の導入に慎重であった。韓国は２００４年に雇用許可制によって低熟練技能分野での労働力導入に踏み切るが、日本では、現在も低熟練分野での外国人の就労は原則として認められていない。第二に、両国とも、当初より、非正規滞在者問題が主要な政策課題となり続けてきた。第三に、両国とも、民族的な出自を同じくする人々の大量の還流現象が見られた。日本への日系南米人の出稼ぎ現象、韓国への中国朝鮮族の出稼ぎ現象が、それに当たる。第四に、両国とも、２０００年代に入り、外国人労働者に関する国レベルでの様々な政策が整備されてきている。そして、日本では２００６年に総務省が多文化共生の推進に関するプランを、韓国でも同時期に外国人政策委員会が社会統合に関するプランを発表し、両国とも従来の「管理」中心の政策から「共生」あるいは「統合」へと大きく方向転換するような姿勢を示した。

外国人労働者問題をみる眼

東アジアにおける労働力移動の現状・背景・意味などを検討する視点としては、経済のグローバル化、外国人労働者政策、社会運動等が考えられるが、本論では、受入国政府の政策とそれに規定される実態に主な関心を向ける。その基本的な理由は、経済のグローバル化に伴う経済格差が国際労働力移動の大きなプッシュ（押し出し）・プル（引き出し）要因を形成することは確かだとしても、実際の人の移動は受入国政府の政策により大きく規定されるからである。つまり、受入国政府の入国管理制度によって労働力の流入の規模と属性はある程度コントロールされる。政策とその実態に視点を置く検討は、どの程度の外国人労働者がどのような形態で流入し、どのような条件・環境の下で働き、どのような問題に直面してきたのか、という問題を直接問いかけることになる。また、それは、外国人労働者問題に関する受入国政府や社会の責任を検証する作業ともつながる。

2　日本における外国人労働者政策

外国人労働者の流入とそれへの対応

日本では、80年代後半から始まるバブル期に特に建設業と製造業における労働力不足が表面化し、主に東南アジアからの外国人労働者が流入した。日本は外国人労働力を受け入れる正式な制度を有していなかったため、流入した労働者はすべて非正規滞在者となった。非正規滞在者の増加は、治安や労働市場の面で国家の正当性を揺るがす大きな問題を構成する。他方で、この時期、特に製造業と建設業を中心に人手不足が深刻化する。外国人労働者への対応は、「不法就労」の防止と低熟練技能分野での労働力不足の解消を主要な政策課題として始まることになった。「入国管理及び難民認定法」（以下、「90年入管法」と表記）は1989年に改定され、翌90年より施行されたが、「単純労働力分野での外国人就労の原則禁止」という従来の方針は堅持された。この方針が閣議了解の下で堅持されてきた理由の１つは、戦後日本社会のなかで存在してきた在日朝鮮・韓国人の問題が関係する。日本の植民地政策の下で大量に日本へ移動し、戦後も引き続き日本に定着した在日朝鮮・韓国人は、１９５２年のサンフランシスコ平和条約の発効によって、日本国籍を喪失して、外国人となった。在日朝鮮・韓国人は、いずれ日本国籍を取得して帰化するかもしくは日本から出て行く人々とみなされていたが、現実はそうはならなかった。もう１つは、ヨーロッパの経験が関係する。ヨーロッパ諸国は高度経済成長期にゲストワーカーとして大量の外国人労働者を受け入れた。オイルショック後には外国人労働者の労働力は不要なものとして帰国を奨励する政策が取られたが、現実は、家族呼び寄せなどで外国人の定住化が進んだ。日本が外国人労働者の導入に慎重であったのは、この２つの経験を通して、外国人は一旦流入するとコントロールが難しい存在になると解釈して、教訓として受け止めたことが関係している。

外国人となった在日韓国・朝鮮人の在留資格は、「別に法律で定めるところにより、その者の在留資格および在留期限が決定されるまでの間、引き続き在留資格を有することなく、本邦に在留することが出来る」（法１２６）というもので、極めて曖昧な状態が長期間続いた。旧植民地出身という同じ歴史的背景を持つものの在留資格が「特別永住」として一本化されるには、「日本国との平和条約に基づき日本の国籍を離脱した者等の出入国管理に関する特別法案」（91年３

月）まで待たねばならなかった。

さて、非正規滞在者発生の根本的原因は、資本が国境を越えて労働力を編成することと国家が国境を越える人々の移動を制限することとの乖離にある。この乖離のなかで、80年代末から93年まで、出稼ぎ目的で来日し在留期間を超過して滞在する非正規滞在者が急増し、93年のピーク時で約30万人に達した。

これに対して、日系南米人および研修生が増大したことには、「90年入管法」の新しい内容が直接的な影響を及ぼした。「90年入管法」は、まず、日本人の血統を有する日系人に対して、「活動内容に制限がない在留資格」（従って就労に制限のない資格）を優先的に供与した。この改定により、特に「定住者」ビザを通じた日系南米人の流入が急増した。また、「90年入管法」は、「特別永住者」の創設により長年の懸案事項であった旧植民地出身者の法的地位問題に一定の解決を与えた。このうち「定住者」という在留資格の創設は、在日三世と日系三世の処遇バランスを図った結果だと言われる。ブラジル人の日本への出稼ぎは、「90年入管法」以前から、移民ネットワークを利用する形で始まっていた。また、国は日系人を「外国人労働者」として導入したわけではない。しかし、「90年入管法」は、かれらの出稼ぎを加速化させる結果を招いた。身分を保障されているがゆえに、かれらは、移動が自由な労働力を構成することになった。

一方、明らかに外国人労働者の導入を意図して活用されたのが研修生制度である。「研修」の在留資格は、「90年入管法」によって、それまでの「留学生」の一形態であったものから、独立した在留資格として創設された。その後、経済団体の圧力を受け、研修制度の規制緩和が進み、人手不足の中小零細企業に対して大きく門戸を開いていくことになった。研修生もまた、公式には「労働者」ではない。日系人と対照的なのは、研修期間が短期に限定され研修先を変更できないなど、管理された不自由な労働者だということである。

１９９９年末現在、就労する外国人の総計は66万８２００人で、そのうち、技術・専門職従事者12万５７００人を除く54万２５００人が、低熟練技能分野で就労していた。その内訳は、非正規滞在者25万１７００人、日系南米人22万５００人、研修・技能実習生７万３００人であった(朝日新聞、２０００年12月24日)。90年代、日系人の大量流入はあったが、２０００年時点では、非正規滞在者のほうが多く、低熟練労働分野就労者の約6割を占めていた。

「不可視な存在」

非正規滞在者、日系南米人、研修生には、共通した基本特性が２つある。１つは、いずれも低コストで臨時的・短期雇用に対応するフレキシブルな労働力を構成してきたことである。非正規滞在者が1つの企業で働く期間は概ね3ヶ月から6ヶ月、最も長いケースで1年であると言われる。賃金の支払いは、時給あるいは日給制で計算され、日払いあるいは週払いで支払われているケースが多い。非正規滞在者は日雇的な定着性の低い労働力として位置づけられている。日系南米人については、最も数が多いブラジル人を中心に研究が進められてきた。それらを参照すると、日系ブラジル人の多くが業務請負業者から派遣される間接雇用の労働者として製造業で就労してきた。親企業の生産予定に合わせて3ヶ月や6ヶ月といった短期雇用の請負契約を結ぶのが一般的である。業務請負業を用いる製造業にとって最大の魅力は、生産量の増減に合わせて必要な時に必要な労働力を速やかに調達出来ることにあり、これに、正社員のコストに比べて外部委託のコストがはるかに安いという魅力が加わる。研修生は，実質的に中小零細企業の安価な労働力となってきたことが広く知られている。研修期間は原則1年である。93年に技能実習制度が新設され最大３年までの延長が可能になったが、短期ローテンション型の雇用形態であることは明らかである。

もう1つの特性は、かれらが「不可視な存在」という性格を強く持っていたことである。非正規滞在者は、強制送還の対象であり、潜伏的な生活を余儀なくされる。日本では、90日以上滞在する外国人には外国人登録が義務づけられていた（２０１２年7月9日在留管理制度が導入され、外国人登録制度は廃止された）。行政サービスを受けるには、登録が必須である。しかし、非正規滞在者の多くは、存在の発覚を恐れるなどの理由から、登録をしない。毎年の入管統計を参照すると、非正規者の中で登録しているのは一割程度と思われる。したがって、非正規滞在者は、行政サービスの面でも、不可視な存在であることを余儀なくされてきた。

ブラジル人を中心とする日系南米人は、非正規滞在者とは対照的に、身分に対する在留資格が優遇されるなかで、自由な労働者として就労してきた存在であった。その自由な性格は、雇用側からすると、短期で臨時的な雇用へのニーズを満たすフレキシブルな労働力を保証する条件となる。日系人の大量流入は、バブル期の人手不足の時期に生じたが、バブル経済崩壊以後、日本人が周辺労働市場に回帰してきたことによって、ブラジル人の仕事はよりマージナルな領域へと移行してきた。梶田らは、請負労働力化や長時間労働に特徴付けられる就労の論理によって、外国人労働者がそこに存在しつつも、社会生活を欠いているがゆえに地域社会から認知されない存在になることを「顔のみえない定住化」と呼んだ（梶田 2005）。研修生は、日系ブラジル人とは対照的に管理された労働者であり、研修先を変更できないことを含め、雇用主の厳格な管理下に置かれる。また、短期滞在であるがゆえに、地域社会のなかで、その存在はほとんど見えない状態に置かれる。

おおよそ2000年前後までの外国人労働者をめぐる動向を総括すると、外国人労働者の流入は非正規滞在者の増大という形で始まり、このことは国内労働市場を「開国」するのか「鎖国」を堅持するのかに関する議論を高めた。しかし、安価でフレキシブルな外国人労働者は、全般的に「不可視な存在」であり、かれらの労働条件や生活状況に対する市民社会の関心は高いものではなかった。外国人労働者のなかで、国が早くから関心を示していたのは、非正規滞在者の存在である。非正規滞在者に対する最初のまとまった政府報告は、１９９０年版の『警察白書』に特集として掲載されている。このことは、非正規滞在者が何よりも治安的な観点から問題視されてきたことを示している。

「90年入管法」の目的の1つは、不法就労助長罪の新設など、急増した「不法就労」者に対応するためのものであった。しかし、不法就労助長罪による検挙件数は、「不法就労」による退去強制摘発人員数の１００分の1程度であり、効果は限定されていた。このような事態の基本原因は、人手不足のなかで流入した非正規滞在者が、景気低迷期のなかでも日本の産業に構造的に組み込まれてきたことにあり、国が日本経済を支える非正規滞在者の労働力の有用性に配慮して、「不法就労」対策に本腰を入れてこなかったためである。この間、非正規滞在者の滞在は長期化し、出稼ぎ型から定着化への移行が見られた。２０００年代に入るまで、「90年入管法」のほかに大きな制度的改編はなかった。

3　韓国における外国人労働者政策

外国人労働者の流入とそれへの対応

韓国は、１９８０年代半ばまで主に中東の建設現場へ労働力を送り出していた国である。87年のソウルオリンピックなどを契機に経済発展が上昇する中で、特に製造業での人手不足が深刻になり、労働力を送る側から受け入れる側への転換が急激に生じた。日本と同様に、外国人労働力を受け入れる正式な制度を有していなかったため、流入した外国人労働者は「不法滞在者」となり、外国人労働者への対応は、「不法就労」の防止と低熟練技能分野での労働力不足の解消を主要な政策課題として始まった。韓国における非正規滞在者は、90年約２万人であったが、94年には約５万人に増加していた。

韓国で、まず、労働力不足を補完したのは、中国朝鮮族である。中国朝鮮族は、第二次世界大戦終戦までに中国に渡り、その後、中国少数民族として中国に在留し続けた人々とその子孫をさす。日本にルーツがある日系南米人が90年代以降日本に大量移動した現象と類似するものとして、韓国へは朝鮮半島にルーツがある中国朝鮮族が「親族訪問」を利用して80年代後半から大量に移動し始めた。韓国政府は１９８４年に、親族訪問の中国朝鮮族来訪者に６カ月の在留を認める旅行証明書の発給に踏み切っていた。親族訪問によって発給される旅行証明書では、韓国内での就労は認められていない。朝鮮族の出稼ぎは当初一時的な滞在が主だったようであるが、予想外の大量の流入と滞在が長期化し「不法就労」が増大したことへの対応として、韓国政府は朝鮮族に対して、在留期間の短縮や親族訪問が出来る年齢を高めに設定するなど制限措置を加えることとなる。

一方で、韓国政府は、深刻化する労働力不足への対応として、産業技術研修制度を導入する。韓国政府が研修生制度を導入にあたっては日本の制度を参考にしたと言われる。政府は、まず、91年に海外投資を行なっている企業を対象に研修制度を導入するが、93年からは中小企業における労働力不足への対策として、従業員10人から300人未満の中小製造企業を対象に外国人を研修生として原則1年雇用（1年延長可能）することができる運用を始めた。朝鮮族のみならず、アジア各地からの労働力の導入を期待したのである。94年には2万人の産業研修生が雇用された。この制度は、その後、対象範囲を沿岸漁業や建設業まで拡大した。また、96年には雇用期間が2年（1年延長可能）に伸ばされた。このようにして、研修生制度は、94年以降、中小企業における外国人労働者の導入に中心的な役割を果たしてきた。研修生制度の発足は、非正規就労の防止という目的を併せ持つものであり、研修生は低熟練技能分野に従事する非正規滞在者を代替することが期待された。

韓国で就労する外国人は、専門・技術職に従事する合法的就業者、産業技術研修生、非正規滞在者の3つに大別される。2002年現在の内訳をみると、合法就業者33,020人（9.0%）、産業技術研修生79,350人（21・6%）、非正規滞在者287,808人（63・2%）であり、非正規滞在者が6割を超え、突出している。低熟練技能分野に限定してみると、非正規滞在者が占める比重は約8割に及んでいる。この理由としては、第一に、研修生制度は、労働力不足の解消と非正規就労防止のいずれの目的をも十分に実現することが出来ないばかりか、大きな限界と問題点を露呈してきたことが関係する。研修生は、「研修」資格であるがゆえに、労働法上の保護を受けられない。また、研修生は3K部門の労働力不足を埋める一時的で安価な労働力としてみられる傾向が強かったため、賃金は低く、職場では安全対策が十分でなく労災が多発した。劣悪な労働条件が強要されるなかで、研修生が研修先から逃走するという事態が相次いで発生した。研修生は指定された企業でのみ「就労」を認められており、その企業から逃走することは直ちに非正規化することを意味する。加えて、研修制度は、当初より、10人以上の規模の企業しか研修生を受け入れることが許可されず、最も労働力不足に悩んでいた零細企業の労働力不足を解消しないという矛盾を抱えていた。全般的に、限られた数の研修生では中小企業の需要に応えられないという事態もあった。このような状況のなかで、非正規ルートによる外国人労働者の流入や就労が止まらなかったのである。

第二は、１９９２年の韓中国交樹立が大きな契機となって、中国朝鮮族の流入が増加し続けたことである。中国朝鮮族は95年では３万人強であったが、２００２年には12万人にまで増大した。特筆すべきは、日本における日系南米人とは対照的に、中国朝鮮族は制度上一般の外国人と同等な待遇しか与えられなかったことである。中国朝鮮族は長年にわたり韓国労働者の代替として重要な役割を果たすが、低熟練技能労働への制限が加えられていたため、「不法就労」、「不法滞在」を余儀なくされてきた。２００２年現在、中国朝鮮族12万のうち約８万人が非正規滞在者で、約29万人の非正規滞在者のうちの最大グループを構成していた。ちなみに、朝鮮族以外の中国人の非正規滞在者は約７万人で、両者の合計が非正規滞在者の半数を超えていた。以上のような背景で、韓国では、非正規滞在者は、97年の通貨危機の直後を除き、一貫して増加し続けた。非正規滞在者は、94年約５万人、２０００年約15万、２００２年には29万人弱までに達したのである。

逃走問題

韓国でも、非正規滞在者と研修生が安価でフレキシブルな労働力を構成してきたことは同様であるが、日本と比べて以下のような特徴があったと言える。まず、研修生の逃走が高い割合で生じた。94年及び95年の研修生逃走率が５割を超えていることは、当時の研修生の過酷な実態を物語っている。研修先を変更できない不自由の下では、劣悪な状況に直面した研修生にとって、選択は「忍耐」か「逃走」のいずれかになる。また、研修生の逃走には、研修生の賃金よりもはるかに高い賃金で外国人労働者を雇用する労働市場が存在したことが関係している。ある研究機関が中心になり94年11月―95年２月にかけて３９３人の外国人労働者を対象に行った調査結果では、実質労働時間がほとんど変わらないなかで、非正規滞在者の賃金は研修生のほぼ2倍であった。次に、非正規滞在者のなかでは、朝鮮半島にルーツを持つ中国朝鮮族が最大グループを構成していたが、かれらは、九老地区などいくつかの地域に集住する傾向があった。最後に、非正規滞在者が増え続けたことであり、先に示したように、２００２年には就労外国人の約８割を非正規滞在者が占めるという事態に至っていた。

韓国では、研修生の悲惨な実態は、95年にネパール人研修生が労働条件の劣悪さや雇用主による暴力などを告発するデモを行ったことで大きく社会問題化された。この告発を機に、外国人労働者の待遇改善を要求する市民運動が高揚する。これに加えて、中国朝鮮族の集住地区が存在したこともあり、日本に比べれば、韓国における外国人労働者および外国人労働者問題はより「可視的」であったと言える。

研修制度は、早くから、外国人労働者の権利上の適切な保護を欠いていると批判されてきた。そのため、90年代中頃から、研修生制度を廃止し、正式に低熟練技能分野での外国人労働者を導入するための「雇用許可制」を発足させようとする動きがみられた。しかし、その試みは、産業界の反対にあい、実を結ばなかった。研修生制度から最も大きな恩恵を受け、雇用許可制の導入に最も強く反対してきたのは、中小企業協同組合である。中小企業協同組合に加盟する企業は、安い給料で研修生を雇用できることの他に、以下のような利益も得ていた。まず、研修生制度においては、雇用主団体である中小企業共同組合が研修生の募集・斡旋・研修・事後管理をすべて管轄していた。中小企業協同組合は送出し国の民間機関と契約するため、教育費や出国手続き費用名目の手数料、帰国保証金など入国のための費用を不当に要求することが出来た。そして、研修生が研修先を逃走した際に、保証金として預けられていたお金が中小企業協同組合の収入になるという仕組みがあった。雇用許可制は、90年代中頃から、導入しようとする政府関係者、阻止しようとする産業界（中小企業協同組合）、研修生制度の抜本的な見直しと代替策を要請する外国人労働者支援の市民団体等の間で、大きな争点となってきたものである。

4　2000年代の政策とその背景

日本の非正規滞在者対策

２０００年代に入り、外国人労働者に関する国レベルでの政策が整備されるようになったが、その中心は、非正規滞在者対策である。まず、90年末から在留特別許可制度に関して大きな変化が見られた。一般アムネスティ（一定の要件を満たす非正規滞在者を一時期に一斉に合法化・正規化する措置）を実施した経験を有する国は欧米を中心に少なくないが、日本では在留特別許可制度によって非正規滞在者の合法化を個別に判断する対応を取ってきた。「不法滞在者と我が国社会とのつながりに配慮した取り扱い」（第二次出入国管理基本計画、２０００）が言明される中で、在留特別許可件数が急増する。認可されたケースには、日本人との家族的なつながり（多くは日本人と結婚した非正規滞在者のケース）や日本人との家族的な繋がりはなくても「子どもの最善の利益」に配慮されたものが多く含まれる。法務省は、従来、「法務大臣の裁量」として、認可の基準を全く示していなかった。しかし、２００４年より「許可事例」が、２００６年より「不許可事例」が公開されるようになり、同年10月には、「在留特別許可に関するガイドライン」が策定されるに至った。ただし、日本で家族を形成していない長期滞在単身者に対して許可されることはなく、労働者として日本で長年就労してきたという事実は合法化の判断においてほとんど考慮されていないという現実はある。

一方で、「強力かつ効果的な不法滞在者対策の実施」（第二次出入国管理基本計画、同上）が言明され、1999年「不法在留罪」の新設と「上陸拒否期間の伸張」、2001年「儀変造文書対策のための退去強制事由の整備」、2004年「不法残留者等の罪に関わる罰金の引き上げ」、「上陸拒否期間の伸張」、「在留資格取消制度」と「出国命令制度」の新設等、次々と様々な取組が実施されていく。2005年12月には、「犯罪に強い社会の実現のための行動計画—『世界一安全な国』の復活を目指して—」（犯罪対策閣僚会議）が策定され、「犯罪の温床となる不法滞在者」を5年間で半減させることが宣言された。出国命令制度は、「不法残留者」の自主的な出頭者を速やかに帰国させるために、入国管理局に出頭した非正規滞在者のうち、一定の要件に該当する者に対して適用される制度として新設されたものである。対象者には上陸拒否期間1年という罰則のみで、その他に罰金等の罰則は課されず、収容もされない。以上のような施策と非正規滞在者に対する取組強化によって、「不法残留者数」は2006年には、92年以降初めて20万人を割り、2010年1月では約9万人にまで減少した。

韓国における２つの制度改編

韓国では、２０００年代に入り、外国人労働者問題に関する大きな制度的改編が２回あった。一つは、２００３年7月に「外国人労働者の雇用許可等に関する法律」が制定、翌２００４年８月から施行されたことである。この雇用許可制（Employment Permission System）の下で、低熟練技能分野での外国人労働者の正式な導入が開始された。もう一つは、２００７年3月に訪問就業制が施行されたことである。訪問就業制は、満25歳以上の中国朝鮮族と在ＣＩＳコリアン(旧ソビエト連邦地域の国籍を有するコリアン）を対象にして、韓国での就労を大きく自由化するものであった。

⑴雇用許可制

２０００年に入って、雇用許可制制定に向けた動きが加速した。まず、同年３月に20の人権ＮＧＯがＵＮ駐在韓国大使に外国人の人権保護を要請、4月にはアジア地域の移住労働者保護関連35団体がタイで集い、韓国をはじめとする5カ国をＵＮ移住労働者保護協約の優先条約対象国と指定し、その文書を送付した。同4月には、金大中大統領（当時）が「外国人労働者差別待遇は、人権国家を目指すわれわれとして恥じること」と声明を出し、雇用許可制の制定を指示した。これを受けて、「外国人労働者保護対策企画団」の結成による本格的な検討が開始された。２００３年の「外国人労働者の雇用許可等に関する法律」は、国内世論、国際ＮＧＯの活動などの後押しを受けるなかで制定された。ただし、産業界の反対には根強いものがあった。このため、研修生制度を利用してきた中小企業の利害や雇用許可制を中小企業に適用することの困難さに対する配慮から、当面研修生制度は維持されることとなった。雇用許可制が定着した段階で研修生制度は廃止されるという想定のもと、雇用許可制は研修生制度との併用という形でスタートしたのである。

雇用許可制の導入に向けて、非正規滞在者の取り締まり強化による海外退去措置と合法化措置が同時並行的に進められた。雇用許可制は、労働力の送出し国をアジア8カ国に指定した。雇用期間は、原則1年とし、最長3年まで延長することができる。この規定は、外国人の定住化防止と外国人労働者が経済的目的を達するに十分な期間という観点から定められている。国内に就業した後、出国した外国人は6ヶ月が経過した場合、国内に再就業することができる。これによって外国人労働者の長期滞在および定住化を防止するとともに、バランスのとれた外国人労働者の雇用を促進するとされる。家族同伴は禁止されている。また、契約延長、雇用中止撤回を要求する集団行動は禁止されている。職場変更は原則的に禁止されている。雇用許可制の大きな特徴の一つは、透明な外国人労働者の選定と導入が目指されていることである。研修生制度では研修生の導入過程に民間機関が介入していたことから、仲介費の不当な要求など様々な問題が発生した。雇用許可制では、韓国と送り出し国は国家間の了解覚書を締結し、外国人労働者の導入過程から民間機関の介入を排除することが定められている。

雇用許可制制定に先立つ対策強化によって、非正規滞在者は２００２年の約29万人から２００３年には約14万人にまで激減する。しかしその後、非正規滞在者は再び増加に転じ、２００７年には約23万人に至る。雇用許可制は２００６年末まで研修制度と同時並行的に進められたので、この間の非正規滞在者の増大は両制度の問題点と関連付けて検討される必要がある。ただし、雇用許可制の制定が非正規滞在者の減少に大きな効果をもたらさなかったことは確かである。

(2)訪問就業制

雇用許可制は外国人一般を対象にするものであるが、訪問就業制は中国朝鮮族と在ＣＩＳコリアンを対象にしたものである。縁故朝鮮族の場合は無制限に、32の業種において（雇用許可制で認められている製造業、建設業、農業などに加えサービス業や看護分野等も対象となる）、５年間有効で1回のべ3年間の在留を認めるビザが発給される。無縁故朝鮮族の場合は、数的規制（クオーター制）をかけて発給されるが、居住国にて韓国語試験が課される。訪問就業制は、無縁故朝鮮族が合法的に韓国で就労することを認めた初めての制度である。

政府の説明によれば、年齢を25歳以上としたのは若者の大学進学放棄を防ぐためであり、滞在期間を３年に限定したのは長期出稼ぎによる居住国（中国）での家庭崩壊を阻止するためであり、中国内の定着を誘導するためだとされる。訪問就業制の制定は、2つの側面で大きな効果をもたらした。1つは、中国朝鮮族の出稼ぎブームとも言える韓国への大量の移動が生じたことである。韓国における中国朝鮮族は2002年で約12万人であったが、2010年には約38万人にまで増加した。もう一つは、中国朝鮮族のなかの非正規滞在者が急減したことである。中国朝鮮族の非正規滞在者は2002年で約8万人であったが、2010年には約2万5千人となり、在留者全体に占める割合も6%前後にまで減少した。この現象は、韓国の非正規滞在者全体の動向にも影響を与えた。すなわち、非正規滞在者は2007年から再び減少に転じ、2010年段階で約18万人となっている。

5 まとめと今後の展望

日本と韓国は、ともに、1980年代後半、非正規滞在者が増加する中で、低熟練技術分野での労働力不足と「不法就労」防止を主要な政策課題とする形で、外国人労働者への対応を始めた。両国はともに低熟練技術分野での外国人労働力の導入に慎重な姿勢を取りながら、主に中小零細企業における労働力不足を補完するための外国人労働者を導入してきた。本稿では、「利益最大化」と「コスト最小化」を実現・維持するために撮られてきた厳格な入国管理制度が、外国人労働者の非正規化および不自由さや使い捨てなどの問題の大きな要因となってきた関係をみてきた。非正規滞在者は「不法性」のゆえに無権利状態に置かれてきた。日系南米人や中国朝鮮族はフレキシブルな労働者として雇用されてきた。研修生は、「安価な労働力として自国の経済に貢献してもらい、短期間で帰国する」便利な労働者として雇用されてきた。いずれの形態においても、国にとって有用な労働力を確保し、負担するコストを最小限に抑えるという、「利益最大化」と「コスト最小化」の政策的意図は十分に満たされてきたと言えるであろう。

近年、両国では、外国人労働者政策の見直しと改編が進められてきた。韓国では、研修生制度の問題の顕在化と非正規滞在者増加への対応として2004年に雇用許可制が制定された。また、2007年には訪問就業制が制定された。訪問就業制は、朝鮮半島にルーツがある民族でありながら、制度上一般外国人と同等な待遇しか与えられず非熟練労働への就業に大幅な制限が加えられていた中国朝鮮族に対して、韓国での自由な就業の機会を大きく開いた。日本では、韓国ほど大きな見直しではないが、2009年7月に研修・技能実習制度の見直しを含む改正法が成立し、2010年7月から施行された。これにより、特例を除き、在留資格の「研修」は廃止され、「技能実習」制度に一本化された。外国人労働者の就業機会の保障と就労状況の改善を意図するこれらの政策が、外国人労働者問題にどのような意味を持つものなのかについては、多面的に検証していく必要がある。

最後に、日本の現実に戻り、「多文化共生」に向き合うための論点について指摘しておきたい。「多文化共生」という言葉は、地域や市民社会レベルでは1990年代後半から広く使われてきたが、国レベルで「多文化共生」が浮上したのは、総務省が『多文化共生の推進に関する研究会報告書』を発表した2006年である。同報告書は、従来の外国人政策が主に労働者政策あるいは在留管理の観点から行なってきたことを反省し、人口の急速な減少と経済のグローバル化が進む中で、外国人の能力を最大限に発揮できるような社会作りが不可欠となっており、このために多文化共生を推進することが必要であると説いた。労働者政策は、生活者としての外国人労働者には目を向けない。在留管理は、外国人労働者が直面する労働問題や無権利状態には関心が低い。この意味で、「多文化共生」が国家的な課題として掲げられたことの意味は小さくない。

しかし、「多文化共生」を考えるには、いくつかの留意が必要である。

第一に、「定住傾向にあるが日本語によるコミュニケーション能力を十分に有しない外国人住民に関わる課題を主な検討対象」（総務省）と示されているように、多文化共生の対象として特に意識されているのはブラジル人を始めとする定住化する外国人である。非正規滞在者や短期滞在の研修生は「多文化共生」の対象から外されている。非正規滞在者を取り巻く環境は、むしろ厳しさを増している。2012年に外国人住民に対する新たな在留管理制度が導入された。従来の外国人登録制度では、「不法滞在者」も登録の対象であり、登録することで行政サービスの享受が可能であったが、新制度ではそれが困難となり、非正規在者の無権利状態は強化されている。「多文化共生」は、日本でともに働き、暮らしている非正規滞在者や研修生を射程に入れるべきである。

第二に、「共生」には、「包摂」や「適応」の考え方が根強い。国土交通省は2006年度に『北関東圏における多文化共生の地域づくりに向けて』(2007年3月)を刊行した。この報告書は、製造業が集積する北関東圏には多くの在住外国人が就労しており地域の産業にとって重要な労働力となっているが、一方で、在住外国人の集住する地域では、在住外国人と日本人住民との間の生活トラブルや外国人児童生徒の就学問題等、日常生活の様々な場面で、「生活者」として在住外国人に関係する様々な課題が発生しているため、在住外国人の生活環境の維持・改善を図る取組を検討することが必要になっていると述べる。つまり、国レベルで「多文化共生」論が浮上した背景としては、日系南米人の定住化に伴い、かれらが不可視的な存在から可視的な存在になり始めたこと、そしてそれに起因するトラブルや摩擦が解決を必要とする地域的な課題として認識され始めたことが大きい。国が掲げる「多文化共生」は、経済活動を支える外国人の労働力の維持を図るために、かれらを生活者や地域住民として地域社会に「適応」させる、「包摂」するという考え方に強く支えられている。

　第三に、「多文化共生」は、「文化」の違いと理解の必要性を強調するあまり、外国人労働者問題が持つ政治的、経済的問題を見過ごしかねない。言い換えれば、外国人が直面している厳しい政治的、経済的問題に向き合うことなく、文化的なレベルで「多文化共生」が語られてしまいがちだという問題がある。

　一般に、外国人労働者は、母国での厳しい経済・政治情勢によって国外へ押し出される。そして、移住先で厳しい問題に直面した場合でも、外国人労働者は、母国でのより厳しい生活を想像することで、現実の生活の厳しさを乗り越えていくのである。不可視的な存在になりがちな外国人労働者の生活に目を向け、「多文化共生」を豊かな概念に作り上げながら実践していくことが問われている。

Ⅲ　多文化共生社会を目指すために

第8章　共生という言葉の使われ方・使い方

「・・同じ考えの人以外は　誰も側に寄せつけなければ　いさかいは無くなるだろう　心にくもりがあるままでも
違う言葉だとか　違うしぐさだとか　違う神を信じているとか
　覚えてしまったやり方で　人は人を区別する
だけど友よそれで　それで自由になれたかい？　拳を固く握りしめて　何も持たずに　生まれてきたのに・・」

（河島英五「水瓶の唄」）

1　多文化共生という言葉の出現

「共生」という語が、様々な文脈で広く使われている。多文化共生が最も多く使われていると思われるが、国際共生やグローバル共生といった使われ方もされている。ただ単に、何かと何かの共生と使われる場合もある。共生や多文化共生は非常に響きの良い言葉で、反論や否定を許さない。しかし、だからこそ、共生という言葉の使われ方・使い方に注意をする必要がある。例えば、日本人と外国人の共生が語られるとき、それぞれに同等の課題が求められているのだろうか。「強者」と「弱者」の共生についてはどうか。「多文化共生の地域づくり」とか「共生社会の実現」といった響きのいい言葉が大きく叫ばれるなかで、大事な問題や課題が見過ごされていないか。

内閣府が行った『共生社会に関する基礎調査』というものがある。内閣府が⑴社会参加意識、社会貢献意識、⑵他者への関心、信頼、コミュニケーションの程度、⑶生活の安全や安心、ネットワークを調査項目にして、全国20歳以上の者を対象にして行なった調査で、期間は２００４年３月３日から３月21日までで、調査員による個別面接調査が行われた。標本数５,０００人のうち有効回収数は3,４７０人で、有効回収率は69・４%であった。

「共生社会」という言葉を聞いたことがあるかという質問に対して、「言葉を聞いたこともあり、その意味も知っている」と答えたのは18・1％、「言葉を聞いたことはあるが、意味はよく分らない」が28・6％、「聞いたことがない」が53・3％であった。「言葉を聞いたこともあり、その意味も知っている」と答えた人に、「共生社会」において共生するのは何と何であるかを訪ねたところ、多い順に、「高齢者と若い世代」58・3％、「近所の人どうし」42・1％、「障害のある人とない人」37・5％、「自然環境と人間」29・4％、「子どもと大人」18・8％、「男性と女性」18・3％、「日本人と日本にいる外国人」12・9％、「仕事と家庭生活」10・8％（そのほかの項目は一桁）という回答結果であった。共生という語が様々な人間関係に関して意識されていること、言葉は知っているけれども漠然としたイメージしか持っていない人が少なくなかったことなどが伝わってくる。

この10年間で多文化共生という語があっという間に全国に広がった。共生という用語が文化や民族概念に結び付けられるようになるのは、主に南米系ニューカマーの外国人が増加し始める１９９０年代に入ってからのことである。そして、１９９５年の阪神・淡路大震災で外国人支援を行った多文化共生センター（当時は外国人地震情報センター）の活動が広く知られるようになり、多文化共生という言葉も広く使われるようになる。そして、総務省が２００６年に「多文化共生推進プラン」を発表すると、多くの自治体では「多文化共生の実現」が重要な政策課題と位置づけられるようになった。多文化共生とは、「国籍や民族などの異なる人々が、互いの文化的な違いを認め、対等な関係を築こうとしながら、共に生きていくこと」と捉えられる（総務省、2006年）。

本稿では、主に多文化共生に焦点を当てながら、共生という言葉の使われ方・使い方について考察する。多文化共生がどのような意味で使われているのか、その使い方がどんな問題を引き起こしているのかについて、いくつかの議論を参照する。その上で、多文化共生と共生を考えるための留意点を整理し、最後に、共生の問題を考えていく方向性を、主に連帯の問題と関連付けながら展望する、

2　多文化共生と共生をめぐる議論

ここでは、多文化共生や共生という語がどのような意味で使われているのか、その使い方がどんな問題を引き起こしているのかについて、いくつかの議論をみる。

植田晃次・山下編著『「共生」の内実—批判的社会言語学からの問いかけ』は、文字通り「共生」の内実を様々な角度から追究している。著者たちが共有している問題関心は、終章の以下のまと

めに集約されていると言えるだろう（野呂２００６）。
①「共生」は、国籍、民族、言語、宗教などの異なる人々が共に同じ空間内に住むことを前提とする。②したがって、「共生」社会には、諸集団、諸個人間の多様性や力の強弱関係、そこから引き出される、同化や排除、差別と言った問題が内包されているはずである。③現に様々な差別問題が存在する。④つまり、共生は極めて政治的なテーマということになる。ところが、⑤共生という言葉は、漠然とした意味内容のまま、求めるべき「善」として明るい調子で掛け声として用いられている。⑥この掛け声のもとで、行政、教育、一般市民レベルで様々な活動が行われている。そのような「共生」の使われ方が同化や差別の実態を見えにくくしている。と同時に、⑧諸集団に対するステレオタイプの再生産、浅い異文化理解を促す結果となっている。このような「共生」理解のもとに、没政治的に用いられる「共生」のコンテクストを掘り起こし、問題を可視化しようとするのが本論集の狙いである（２３６頁）。

本書全体のタイトルは『「共生」の内実』であるが、主に多文化共生についての論考が収められている。ここでは、植田とハタノの論考を取り上げ、整理しておきたい。

植田「『ことばの魔術』の落とし穴―消費される『共生』」は、共生という言葉が内実を問われないまま、消費されてきたことを問題として論じている。ここでは、あることばが出現・台頭し、明確な実態を伴わないまま、その言葉だけが単なるスローガンのようになったり、やがて新たな別のことばに取って替わられて衰退する過程を、一過性の流行現象として、「消費」と捉えられている。善というイメージをもちがちな国際化や共生の消費に伴い、あたかもことばの「魔術」と言える力が、政治・行政、学問と言った実生活にも及ぶというのが、植田の基本的な認識である。従来の国際化ということばでは対応しきれなくなった国際秩序の再編成と主として日系人の可視的な外国人の増加が、国際化の「消費」に替わり、共生ということばの登場と台頭を後押しした。

植田は、共生ということばが目標としての善のイメージを持つものとして定義されてきたこと、共生ということばが図式的に用いられてきたことを問題視し、その弊害や落とし穴をいくつかの例を通して指摘している。例えば、目標としての善として多文化共生が語られることで歴史的現実として存在してきた共生また現に存在する共生の内実が覆い隠されてしまう、安易な異文化理解観と結びつく、異文化理解に不可欠な愛情や尊敬といったものの重要性が忘れ去られてしまう、等。そして、多文化共生ということばが用いられるだけで、何か実のあることをしていると思わせるような落とし穴が存在する。全体的に、多文化共生がスローガンとして「消費」されてきたことを問題視し、「内実」を問うことの重要性が主張されている。

ハタノ「在日ブラジル人を取り巻く『多文化共生』の諸問題」は、多文化共生の視点から、在日ブラジル人が置かれている様々な問題点を指摘している。ハタノによれば、多文化共生という言葉はマイノリティ、または社会的に弱い立場に置かれている人たちの側から発生した言葉ではない。マイノリティにとって、マジョリティとの共生は、常に直面せざるを得ない前提である。しかも、多くの場合、マイノリティはマジョリティから権利を侵害されたり認められていない状態にあるため、マイノリティ側が何かを要求する場合、多文化共生のような抽象的な言葉を使うのではなく、切実な要求を具体的に掲げることになる。その上で、ハタノが強調することは、多文化共生は外国人が直面している最も深刻な問題にはほとんど向き合わないという点である。

２つの例をあげよう。１つは、在留資格の問題である。１９９０年改定の「出入国管理及び難民認定法」が血統主義を重視したもので、その結果、日系南米人の日本への大量移住を促したことはよく知られている。この入管法は、非日系と日系とで構成される家族が多い在日ブラジル人の間に深刻な事態を生み出すことになっている。ブラジル人は、「日系ブラジル人」（日系２世や３世）と「非日系人ブラジル人」（日系2世や3世の非日系配偶者）に大別され、在留資格の安定度は日本人の血との繋がりによって決められる。そして、在留資格という法定上の地位が家庭内に持ち込まれ、家庭内に在留資格による力関係の違いが生じる。別居や離婚の際には、「日系人配偶者」という条件を満たさなくなった非日系人は日本社会から排除されることになるし、血統による差別が持ち込まれた家庭環境が子どもに与える影響も無視できない（59－61頁）。もう１つは、子どもの教育に関する。在日ブラジル人は在留資格の面では他の外国人に比べ比較的優遇されているが、子どもの教育に関しては、高校進学率の極端な低さや高校入学特別措置の進学支援の立ち遅れなど、その置かれている状況は深刻である。現状では、中学を卒業した大多数の子どもたちが底辺的な労働者の道を進むことになる。外国人の子どもたちを取り巻く状況として、外国人の子どもたちの受け入れ体制が地域によって著しく違うことや明確な政策がないまま場当たり的な政策が取られてきたことがある（73－75頁）。ハタノによれば、多文化共生を語る際にほとんど在留資格の問題が取り上げられることがないのは、表面的な共生が謳われていることの証しであるし、外国人の子どもたちの厳しい教育環境が放置されたまま多文化共生が唱えられるとすれば、それは欺瞞以外の何ものでもない。

野元「外国人の子どもたちの排除の構造と対抗的教育実践の原理」は、外国人の子どもたちが排除されていることが明らかであるのもかかわらず、なぜ排除の構造が維持されるのかと課題設定し、マイノリティ自身やコミュニティーによる主体的な改革運動の弱さと共に、外国人の子どもたちの学習支援に関わる教育者や市民が多文化共生言説に絡め取られ、非対称の関係を前提とする援助主義に陥っていることを、要因として重視している。多文化共生は定義や原理が曖昧なまま、外国人住民施策や市民によるボランティア活動においてきわめて多義的に使用されている。そして、言語と民族の問題が抜け落ちており、かつ、権利論が不在だという特徴を持つ。『多文化共生』言説は、国内外のマイノリティや外国人住民が過去に受けてきた同化や排除、差別、抑圧、文化支配に対する歴史認識の上に、彼らが現在においても直面する厳しい差別や排除問題に対する現実認識を重ねようとしない。…そのため、観念的・抽象的に『対等な関係』を論じ、受入のために生活支援システムの構築に焦点を当てて、具体的な差別解消の運動や取り組みを棚上げする傾向にある」（111頁）。

援助主義とは、支援者が、支援される側が支援のあり方に主体的に関わることを望まず、支援する―支援されるという非対称の関係が維持されることを望むものである。このため、支援者は排除の当事者である公権力機関との緊張関係を失い、行政の下請化する。野元は、多文化共生に対して、「多民族共生」の視点を取り入れた「多文化・多民族共生」を対抗軸として主張している。

戴エイカ「『多文化共生』と『日本人』―『文化』と『共生』の再検証」は、多文化共生が意味する内容や目標は多種多様で、一方では、実り豊かな社会を構想する概念としての可能性を秘めるが、他方では、現実社会の不正や矛盾を隠してしまう危険性も有するものであり、それゆえに文化と共生の概念を再検証し、多文化共生がどこへ向かっていくのかを問いかける必要があると述べる。多文化共生の共生について、戴は、集団間の不平等の是正を目指す社会変革の闘争や取り組みの目標として立ち現れてきた共生概念に通じると述べる（34頁）。そして、共生と言う用語を使うことに意義があるとすれば、それが差別における人間の関係性を批判的に検証することを促し、差別者や多数者の側も問題化するからだと捉えている（35頁）。

差別の問題では何らかの差異が差別の根拠として求められる場合が少なくないが、戴の認識は、少数者や外国人の文化的差異や文化的異質性が差別に転化しているのではなく、かれらが社会の正当な構成員として認識されておらず、排除されているという事実がまず存在するということを問題とする。したがって、排除を生み出している法制度、社会経済システム、支配的な言説体系などから構成される権力構造を全体的に問題にしなければならない。逆に言えば、文化的差異の理解や尊重だけでは、排除の行為や思考はなくならない。実り豊かな多文化共生を構想するには、少数者や外国人に対して、「日本人であること」がどのような社会的、文化的優位性を有しているかを批判的に問うことが不可欠となる。ちなみに、「日本人であること」の検証においては、誰が「日本人」であるのかという問いに着目することが必要である。なぜなら、何が「日本文化」を決める権力を持ち、それを体得している「日本人」と、そうではない「日本人」がいるからである。この点は、国籍や民族などが異なる人々の共生の問題は、社会的に異なる位置に置かれている人々の共生の問題と広く通じていると整理し直すことも出来るだろう。

三重野卓編『共生社会の理念と実際』に簡潔に触れておきたい。本書は、社会政策学会・保健医療福祉部会と福祉社会学会の共催で、2006年11月25日に開催されたシンポジウム「共生社会の理念と実際―社会政策との関連で」の内容をベースにまとめたものである。本書では、内閣府の政策に関わる子ども・若者・高齢者・障害者といった対象を中心にして、共生社会の実際・理念・構想などが広く論じられている。共生という用語は、90年代を通じて広く議論の対象になったが、スローガンや理念として語られることが多く、内実を問うことが問われる、その際、関係性、連帯、社会的統合、社会的排除、社会的包摂といった概念との関わりが重要になっていると述べられていることを確認した上で、菊地英明「なぜ、共生／社会的包摂が必要なのか」から、いくつかの問題提起を整理しておく。菊池は、第一に、共生は非常に美しい言葉で、それ自体としては否定することは難しい概念であること、しかし、この言葉を一番喜ぶのは、予算獲得や組織の維持・拡大のための言説的資源として使うことが出来る行政官ではないかと疑問を投げかけ、社会科学者は共生概念の内実をはっきりさせ、その後に共生概念を政策レベルに具体化させる必要があると説く。第二に、日本で共生を問う意義について。「諸外国の社会的排除—包摂論は、文字通り生きるか死ぬか、生存レベルでの切実な問題関心から出発し、包摂の根拠をマジョリティ・マイノリティにとっての双方の利益—共生論の語彙を使えば『双利共生』—に求めてきた。日本の共生論でこのような背景があるのか、仮にないとすればわざわざ共生を論じる意義は何か」(98頁)と問う。そして、第三に、日本で共生概念が用いられるとき、マイノリティの同化の側面が強いのではないか、と疑問を投げかけている。総じていえば、菊地は、共生概念の内実は多種多様であって、恣意的な利用を許しかねないという問題状況に警鐘を発している。

三重野「共生価値と社会経済システム」から、１点、言及しておきたい。三重野は、「共生社会をめぐる前提には、わが国の特色であった均質社会、同一化社会、集団主義があり、その上で、当該社会が多様化、異質化、個性化していくという点に特色がある」（191頁）と指摘する。その上で、格差社会の進行を問題視し、「現在の格差社会への動向は、社会的統合、連帯を緩め、社会的包摂を破壊し、共生社会の基礎を崩すかも知れない」（192頁）と続ける。共生や共生社会について論じる意義を考える場合、この文章が示唆するような時代状況をどのように捉えるかが大きなポイントになると思える。

3　多文化共生と共生を考えるための論点

多文化共生の地域づくり

多文化共生の問題を考える場合、関連する以下の諸点に注意が必要だと整理できよう。⑴外国人が直面している最も厳しい問題に向き合うことなく、表面的なレベルで多文化共生が語られていないか。⑵多文化共生の中身が観念的・抽象的なものになっていないか。「国籍や民族などの異なる人々が、互いの文化的な違いを認め、対等な関係を築こうとしながら、共に生きていくこと」というような定義は、議論の出発点としては一定程度有効であろうが、それ以上のことは意味しない。(3)マジョリティの側から語られる多文化共生が同化を強いるものになっていないか。(4)異文化理解には、愛情と尊敬が不可欠であると認識されているか。(5)「日本人であること」の優位性や問題性に自覚的になろうとしているか。

国土交通省が「多文化共生の地域づくり」をテーマにして行った調査結果（『北関東圏における多文化共生の地域づくりに向けて』２００６年度）から、以上のような問題を考えるための具体的なデータを若干確認しておきたい。

日本人住民アンケートで、地域に外国人が住んでいて良かったことについて「１つでも具体内容を回答した人」の割合が57・１％であるのに対し、困ったことについて「１つでも具体内容を回答した人」の割合は89・９％であった。最も困ったことの内容については、「地域の生活ルールを守らない」35・２％、「誰が住んでいるのか分らない」24・７％、「言葉が分らず意思疎通が難しい」22・３％の順になっている。

日本人住民の在住外国人との交流に対する意向では、「生活上、必要最低限はしたほうがよい」53・８％、「特に深めなくてもよい」22・５％、「積極的に深めていくほうがよい」9.8％、自分自身の在住外国人との関わりに対する意向では、「今くらいの関わり方でよい」45・８％、「あまり関わらないようにしたい・関心がない」38・４％、「積極的に関わっていきたい」11・３％であった。これに対し、外国人住民の日本人との交流に対する意向では、「積極的に交流したい」56・１％、「必要最低限の交流でよい」25・7％、「交流しなくてもよい」4.7％という結果が出ている。

「在住外国人に取り組んでほしいこと」に関する企業の回答は、「地域の生活ルールや習慣等を知る」36・7％、「十分な日本語の習得」24・0％が他を大きく引き離している。複数回答では、前者が82・0％、後者が68・6％である。「在住外国人が最も取り組むべきこと」に対する日本人住民の回答は、「地域の生活ルールや習慣等を知る」45・6％（複数回答）、「十分な日本語の習得」17・3％（複数回答）で、同様の傾向であるが、「地域の生活ルールや習慣等を知る」がさらに突出している。

以上から、(1)外国人住民の半数以上が日本人と積極的に交流したいと答えているのに対し、外国人との積極的な交流を希望する日本人は1割以下で、外国人に比べて、日本人の交流意識ははるかに低い、(2)地域に外国人が住むことに関して、良かったことよりも困ったことを感じている日本人が多い、(3)企業も日本人住民も在住外国人に対して、「地域の生活ルールや習慣等を知る」ことを最も強く求めているが、その割合は日本人住民のほうが高い、と整理できる。

このような結果は、日本人住民や企業の一般的な意識を表していると解釈できるのかもしれない。平均的な日本人が望むことは、地域に住む外国人と「うまくやっていく」ことであり、「普通の生活」が脅かされないことである。その内容としては、「治安が守られていること」や「日常的なルールが守られていること」等が大きいであろう（都築２００５）。上記の結果だけをみて、日本人住民の閉鎖性や同化意識を一般化することは出来ないが、そのような傾向が見られることには注意が必要である。調査結果のまとめとして、「多文化共生の地域づくり」においては、在住外国人の「自立」と地域参加が必要であると指摘されていることおよび「いずれの生活領域においても、日本語習得をはじめとした、日本での生活に最低限必要な力を在住外国人が身につけるといった『自立』を支援する取組を進めることが今後の方向性と導き出された」、「地域の日本人住民と対等な関係を築くためには、在住外国人の『自立』が必要である」、「様々な場面で在住外国人が『自立』することが必要である」といった見解が示されていることには疑問を呈しておこう。言うまでもないが、「多文化共生の地域づくり」は、日本人住民や企業の現状の意識を前提にするのではなく、その批判的な検証の上に構築されていくものでなければならない。

「弱者」との共生

様々な人間や集団が共に暮らす社会には、力の強弱関係があり、同化や排除、差別と言った問題が内包されているのが現実である。現実における強者と弱者の違いに目を向けることが必要で、それを無視して「共生している」というのは欺瞞である。共生はすぐれて政治的な概念である。多文化共生を語る場合に留意すべき点は、他の文脈で共生を語る際にも念頭に置いておく必要がある。比較的早い段階から共生の概念に着目してきた花崎は、以下のように言っている。「80年代の中頃からだと記憶するが、言論界、広告情報界に『共生』ブームが起こり、キャッチフレーズとしての『共生』の氾濫が生じ、今も続いている。それは、自然との共生、多文化共生、アジアとの共生といった課題が広く世の中に浸透しつつあった状況への過敏な反応といえるだろう。しかしそのブームは、商品に美的な陰影を加えるイメージとしての『共生』を流通させることであった。共生が含み持つ共苦の側面、現実の矛盾との現場での格闘の側面を切り離す作用を伴っていた。また、日本社会は、『共生』を倫理として実現する方向とは逆の方向へ歩みを進め、不正義と腐朽化の様相を深めている」（花崎　２００２、１３２頁）。花崎は、共生の倫理が崩壊しつつある現在の時代状況の中で、共生の意味を改めて問う必要を述べる。

共生の問題を考えることは、「弱者」と「強者」の関係に目を向けることである。「弱者」とは人間的に弱いということではなく、社会的に弱い立場に置かれている人々を指す。例えば、路上で野宿するホームレスは、いつホームレスから脱却できるか見通しがない中で、仕事、食べ物、寝床等を探し求めて日々「生き抜いて」いかなければいけない。その意味では、たくましくなければホームレスとして生きていくことは出来ない。一方で、ホームレスは、定まった住居を失い住所不定となることで、労働市場、公共空間、行政サービス等から排除されやすく、社会的に弱い立場に追い込まれているという意味で「弱者」である。「弱者」と「強者」の共生をどのように考えるべきだろうか。

中島の以下の指摘は、１つのヒントを提供していると思える。「共生というのは『同質』な人間が集まることじゃなくて、『異質』な人間が集まること。お互いのことが分からなくたってい い。『互いに異質だ』ということがわかればいいんです。『分からない』という形での理解です。…社会で一番危険なのは『同質化』、つまり自分の価値観を全く動かさないで、それを周囲に拡大していこうとする『エクスパンショニズム』(拡大主義)。それと、話が合わない人とは距離を置いて一切付き合わずに、わかる人同士で仲良く暮らそうという態度。仲良くすることは、みんなが『同質』だからできるんですが、それは『共生』ではない。『異質』な者同士が、仲良くは出来ないけれども、互いに殺しあうわけでもなく、一緒にいながらの理解を目指そうとする。これでいいと思うんですよね」。異質な者同士が理解しあうことの困難さ、自分中心の価値観による同質化に注意を喚起し、最低限の「生の保障」に触れているが、続けて言う。「私は学生たちにこう話しています。『不快感といった自分なりの自然な感情を潰すのは危険です。感受性は人間の基本になるものですから。しかし自分が弱者に対して持つ差別感情によって、相手が傷つくことについては悩んでください。ちゃんとそれを受け止めて、どうしたらいいか悩んでください。解答はありませんから』と。弱者と強者が共生していくには、こういう道しかないのではないかと思います」(中島２００６、18－19頁)。

共生は「共に生きる」双方に焦点を当てる概念である。互いの生を保障しあいながら、共生とは何か、どういう状態になれば共生したことになるのか、という根源的な問題を多面的に追究していく必要がある。

他者への想像力と共感

共生の問題を考える重要な論点として、社会的連帯がある。社会的連帯とは、「互いの生を保障するために人々が形成する人称または非人称の連帯を指す」（斉藤2004、1頁）。互いの生の保障は、かりに経済的に排除されたとしても、なおも社会的な関係性を保ち、政治的な行為者として生きうるような条件を確保する役割を果たす。斉藤純一は、保険料の拠出や納税という形をとった資源の移転を伴う非人称の社会的連帯に焦点を当て、社会的連帯の理由を改めて問い直そうとする試みを行っている。社会的連帯を形成し、維持しようとする理由とは何か。互いの生を保障しあうために、一定の資源が他者に移転されることを自ら承認する理由とは何か。斉藤は、その理由として、「生のリスク」、「生の偶然性」、「受苦への感応」、「生の複数性」をあげているが（286—298頁）、ここでは、「生の偶然性」に触れておこう。

一般に、「弱者」に対して、想像力や共感の欠如がみられる。共感とは、他人の体験する喜怒哀楽の感情を自分のもののように感じとる能力である。

ホームレスを主題にしている授業で、長年路上生活をしてきた一人のホームレスを描く『あしがらさん』というドキュメント作品を時々鑑賞する。カラスが鳴く朝方の新宿の街で、ごみ箱から残飯をあさるあしがらさんの姿を映し出すところから、この映像は始まる。食べられそうなものをごみ箱から直接食い漁る映像は衝撃的だ。あしがらさんは、真下しか見えないような酷く腰が曲がった状態で歩き、ゴミと間違われるような大量の荷物を抱えている。作品前半で映し出されるあしがらさんには、すでに夢や希望があるとは見えない。

作品制作者が年老いているようにみえるあしがらさんに「今までの人生で一番良かったことはなんですか」とある意味ぶしつけな質問をしたときに、あしがらさんは「まだこれからだよ」と答える。この言葉に驚く学生たちは少なくない。風貌から「夢も希望もない人間」と決めつけていた想像力の欠如を自覚させられる一場面である。

人生は、自ら選んだものではない、自分の力ではどうすることも出来ない諸事情によって規定されている。どのような社会も、偶然性に恵まれた者と恵まれなかった者から成り立っている。ホームレスや外国人労働者の人々と関わる中でよく考えてきたことは、偶然性に恵まれない環境にいたとしたら、自分はどのように生きてきたのだろうか、ということである。自分の恵まれた環境に自覚的になることは、そうではない他者への想像力や共感を豊かにする第一歩であろう。恵まれた環境にある人ほど、そういう自覚が問われるのである。

斎藤の「生の偶然性」は人々の生がいかに多くの偶然に規定されているかを認識しようとする

視点であり、他者への想像力や共感を考える重要な論点である。それは、私たちの生は、自ら選んだのではない、自分の力ではどうすることも出来ない諸事情によって規定されており、どのような社会も、そうした偶然性に恵まれた者と恵まれなかった者から成り立っていることに自覚的になろうとする視点である。「生の偶然性に対する認識は、『あの人の立場に私はいたかもしれない』、『あの人の立場に自分がいたとしたら自分の境遇をどのように受けとめるだろう』という想像上の立場の交換を媒介にする（292頁）。

「私たちの現在の生が、幾重もの自然的・社会的な偶然性の上に築かれているという事実が忘却され－たしかに私たちはこの事実を忘れやすい－現在の生がひとえに過去の努力とか勤勉に対する正当な報酬であると思い込まれていくならば、社会的連帯という理念が回復することはおそらくないであろう。社会的連帯という理念を維持するために必要なのは、国民的アイデンティティを再興することではなく、私たちの生の根底的な偶然性を繰り返し認識することである」（斉藤2000、88頁）。

個人の努力が強調される日本の社会風土のなかでは、「生の偶然性」は、特に留意すべき問題である。自分の生の「成功」を自分の努力の産物であると思い込む人ほど、他人の「失敗」をその人の「努力不足」と安易に解釈する。もちろん、どこまでが個人の責任を問い得ない偶然性の範囲で、どこからが個人の責任を問いうる選択の範囲なのかを区別することは容易ではない。しかし、自己責任が厳しく問われるような言説が力を得て支配的な文化を形成しつつある現在の時代状況のなかで、「生の偶然性」の視点の重要性は一層高まっていると思われる。この問題は、自分が選んだわけではないことで有利になったときに、その選べないことの責任をどのように考えるのかという問題と通じている。

「…個人の努力が強調される日本の社会では、どんな家庭に生まれたかではなく、自分がどれだけがんばったのかが、成功のもとだと考えられています。それだけ、自分の成功を自分だけのものだと考えやすいのです。しかし、実際には、どんな家庭に生まれたかが、学校での成功にある程度影響しています。自分で選んだわけではないことで自分が有利になったときに、そのことをどのように考えるのか。そういう自覚が弱くなってしまうと、自分の力だけで社会での高い地位につけたと思ってしまうのでしょう。自分でつかんだわけではない幸運に、どれだけ責任をもつのか。そういう意識が弱くなったとき、いいかえれば、自分の力だけでその地位につけたと思うようになったときに、こういう問題が起こりやすいのではないでしょうか。自分で選べないこととの責任をどう考えるのか。恵まれた環境にある人ほど、そういう自覚が必要だと思うのです」（苅谷2005、219頁）。

ハンナ・アレントは、「私たちが行っていること」の研究のなかで、多数性を人間活動の条件と位置づけている。それは、私たちが　人間であるという点ですべて同一でありながら、だれ一人として、過去に生きた人、現に生きている人、将来生きるであろう他人と、けっして同一ではないからである、と（アレント２００７、21頁）。共生について考えるためには、共に生きる双方にとっての課題を明確にし、双方の利益を追究することを必須の条件とする。そして、かけがえのない人生を送ろうとしているすべての人々への想像力と共感を豊かにしていくことが問われよう。

第9章 外国にルーツがある子どもたちの高校進学問題

「一社会学徒として筆者が強調したいことは、外なる国際関係とは別に、内なるアジアあるいは内なる多文化に目を向けることである。・・滞在の年月を重ね、日本社会とつながりをもつ、またそうではなくともこれから社会に参加しようとしている外国人や『つながる人々』を、同じ住民、さらに連帯可能な市民と感じることこそがもとめられる。その可能性には、筆者は悲観的ではない」

（宮島喬『多文化であることとは』）

1　外国人生徒の高校進学率の低さ

平成24年11月11日付けの毎日新聞で、外国人生徒の高校進学率が報じられている。それによると、「外国人集住都市会議」に参加する全国市町の公立中学校の外国人生徒卒業生1,010人（平成24年3月卒業生）の高校進学率は78・9％であった。ここでいう外国人生徒には、日本語を母語としない日本国籍を持つ者も含まれる。高校進学率の内訳は、全日制52・8％、定時制22％、通信制2.6％、日本語教育課程など「その他」1.5％である。また、卒業生の日本語能力別にみた進学率として、「日本語の通常授業が理解可能な生徒」92・1％、「学習用語が分からない生徒」67・5％、「日常会話ができない生徒」58・1％という数値が挙げられている。ある意味当然のことと言えるが、日本語能力の高低と進学率が比例関係にあることが確認される。

78・9％という高校進学率は、全国の中学卒業生の高校進学率98・3％に比べて、約20％低い数値である。「外国人集住都市会議」に参加する市町は外国人の比率が高い自治体であり、外国人支援においては全体的に先進的な取り組みをしてきた地域と言えよう。従って、外国人生徒の全国的な高校進学率は78・9％を下回ると推測されるが、その実態は不明な点が多い。

外国人生徒にとって日本での高校進学は全国的にすでに就職や帰国を上回る進路となっている

と思われるが、かれらの進学を希望する割合は日本人生徒に比べればまだ低いであろう。この背景には、日本に定住するのか将来帰国するのかという点が不透明な生活状況、日本の教育制度や高校受験に関する情報・理解不足、保護者の経済的問題などが関係しよう。一方、高校進学を希望しても入学が容易ではないことに最も大きく関係するのは、外国人生徒の日本語能力である。日本語指導が必要な児童生徒とは、「日本語で日常会話が十分にできない児童生徒」及び「日常会話ができても、学年相当の学習言語が不足し、学習活動への参加に支障が生じており、日本語指導が必要な児童生徒」をさす。

外国人生徒の高校進学率には地域間格差の問題が絡む。例えば、全日制に比べれば比較的入学しやすいと思われる定時制高校がどのくらいあるのかという問題がある。また、外国人生徒の高校受検のための特別枠や特別措置の制度を有している都道府県と有していない都道府県との格差があり、有していてもその内容は都道府県で大きく異なっている現状がある。さらに、都道府県単位での高校進学率は大半の都道府県で明らかにされてないため、特別枠と特別措置が高校進学に対してどの程度の効果を生んでいるのかについても、非常に不透明な現状がある。

筆者は、過去6回、栃木県全域の公立中学校の外国人生徒卒業生の進路状況調査を行った。本論は、まず、外国人生徒のための特別枠・特別措置の制度的な特徴を整理し、次に最新の栃木県での調査結果を基にして、外国人生徒の高校進学の全体的な状況を見た上で、主に日本語指導の有無別および母語別の進路状況を明らかにするとともに、特別措置の利用状況と効果について課題提起する。

全国および栃木県における外国人児童生徒について、文部科学省「日本語指導が必要な外国人児童生徒の受入れ状況等に関する調査」(平成26年度)の結果から、平成26年5月1日現在のデータを整理しておこう。まず、全国の公立学校に在籍している外国人児童生徒数は73,289人で(平成24年度より1,744人増加)、そのうち、日本語指導が必要な外国人児童生徒数は29,198人(前回の調査より2,185人増加)で、全体の39・8%を占める。日本語指導が必要な児童生徒の主要母語別状況は、ポルトガル語28・6%、中国語22・0%、フィリピノ語17・6%、スペイン語12・2%となり、この4言語で全体の80・4%を占める。日本語指導が必要な日本国籍の児童生徒は7,897人(平成24年度より1,726人増加)いる。

平成26年5月1日現在、栃木県内の公立小中学校の外国人児童生徒数は、小学校866人、中学校441人である。そのうち、日本語指導が必要な児童数は小学校433人(総数の50・0%)、中学校114人(総数の25・9%)である。小学生の半数が日本語指導を必要としているのに対し、中学生においてはその比率が1/4に留まっている。また、その主要母語別内訳は、スペイン語214人(38・1%)、ポルトガル語142人(25・3%)、フィリピノ語85人(15・1%)、中国語37人(6.6%)、で、この言語で全体の85・1%を占める。スペイン語の割合が一番高く、ポルトガル語を合わせた南米系児童生徒の割合は63・４％となっている。

2　特別枠と特別措置

歴史

高校入試制度に関する権限は都道府県にある。外国人生徒を対象にした特別な受検制度は、特別枠と特別措置に大別される。特別枠とは、特定の高校で一般の生徒とは別に定員が設けられた上で、科目の軽減や面接などが行われる。特別措置とは、一般入試の定員内で、学力試験の免除、科目の軽減、時間延長、漢字のルビうちなどが行われることをさす。全国的に、海外帰国子女や中国帰国生徒への対応として整備された入試制度が、各都道府県の判断によって、ニューカマーへの生徒にも拡大適用されてきたと捉えられる。

昭和47年の日中国交正常化により、中国の主に東北地方、すなわち旧満州地方からの残留日本人の帰国が再開された。この中国帰国者の子どもないし孫で就学年齢にあたるのが中国帰国生徒であるが、かれらは長年の中国生活で実質上「外国人」となっており、受け入れた学校は日本語指導などの対応を迫られることになった。昭和51年には、文部省が「中国引き揚げ子女」全国実態調査を初めて実施している。

中国帰国生徒の教育問題が浮上した時期は、海外勤務者の帰国子女に対する教育問題も顕在化し始めた時期であった。帰国子女の増加に伴い、昭和59年7月、高校における入学者選抜に対する配慮等の促進が初めて各都道府県に通達された。昭和61年、東京都で初めて「引き揚げ生徒を対象とする海外帰国学級」という名称で、中国帰国生徒を対象に高校の入学特別枠が設けられた。昭和63年には帰国子女の編入学に対して、試験の実施回数の増加や特定定員枠の設定が各都道府県に対して求められた。

入試配慮の全国的な状況

ニューカマーの高校進学を特別枠や特別措置に引き付けて議論する研究として、ニューカマーの子どもの高校進学率が高い地域を対象にした志水・清水らによる調査の蓄積がある（志水・清水２００１）。本書の内容を２点整理しておくと、まず、日本語指導が必要な外国人児童生徒数の多い地域（愛知県、神奈川県、静岡県、東京都、大阪府）の入試制度が概観され、「ニューカマー生徒が高校に進学しやすい制度」の条件として、①受け皿（特別枠）の絶対数が多いこと、②受検資格の制限（特に来日年数の制限）が緩やかなこと、③試検の内容に関して母語を使用できるか否か、の３つが挙げられている。次に、首都圏や東海地方に比べれば決してニューカマー外国人生徒が多くはない大阪が、全国で最も高い高校進学率（84・５％）を達成し、ニューカマー高校生の受け入れについて最も先進的な入試制度を整備するに至った経緯が、在日朝鮮人教育の土壌、中国帰国生を多数受け入れてきた実績、大阪府立高校の再編整備等の視点から語られる。大阪における高い進学率は、受験生のなかで中国人生徒が高い割合を占め、逆に南米系の児童生徒の割合が低いことも関係する。

志水らが大阪府における外国人生徒の進学率の高さについて、特に注目するのは「特別枠」の存在である。特別枠とは、特定の高校で一般の生徒とは別に定員を設けている場合を指し、科目の削減や面接などの方法によって受検を行う。特別枠は、進学率を上げる大きな要因となっていると同時に、教育環境の整備にも大きく関わっているという。すなわち、特別枠を持つ高校は、「渡日生徒に関する指針」等の教育指針を学校独自で持っており、受験の入り口の面での配慮だけでなく、入学後の教育に日本語指導や母語指導等の先進的な取り組みが見られるという。

入試配慮の全国的状況については、埼玉県所沢市にある中国帰国者定着促進センターが毎年電話による調査結果を公開しており、参考になる。しかし、回答内容が統一されていない等分かりにくい点があるため、入試配慮の全国的な状況をより正確に明らかにするために、全国47都道府県の高等学校入試要項の記載事項を確認した（利用した資料は平成22年度版）。

入試要項記載事項をみて、以下の条件が確認された場合に外国人生徒に対する入試配慮が「ある」と判断した。まず「外国人生徒」及び「外国籍生徒」を対象にしている場合、次に「海外帰国子女等」といった名称で本来帰国子女および中国等帰国生徒に向けた措置のなかで、明らかに外国人生徒が想定されている場合（「日本在留外国人の子」といった外国人生徒や外国籍生徒を示す表現も含む）、最後に「協議して弾力的に取り扱う」など具体性は欠くが申請すればなんらかの「配慮」が受けられる場合である。表現が海外帰国子女に限定され、受験資格で明らかに外国人生徒が想定されていないと判断された場合はこれを除いた。特別枠と特別措置の受験資格には、大半の場合、日本に滞在している年数が申請の条件となっている。上記で指摘した「ニューカマー生徒が高校に進学しやすい制度」の３つの条件にひきつけて、全国的な状況を見てみよう。

受け皿の絶対数－特別枠

入試配慮において外国人生徒の「受け皿の絶対数」とは、本論でいう特別枠である。全国の約３割に当たる14の地域に設置されていた。外国人集住都市会議加盟都市を複数抱える群馬県、長野県、岐阜県、滋賀県は含まれておらず、必ずしも外国人集住都市を含む地域で特別枠があるとは限らない。

内容をみていくと、指定される学校数は３校から全校と幅がある。定員は「記載がない」または「若干名」と、特別枠設置地域の半数で具体的な数が示されていない。滞日年数は８つの地域が３年を基準にしている。滞日年数の最長は山梨県の７年、以下、愛知県・三重県・大阪府・奈良県は６年、北海道は５年だった。試験内容は、学力検査がほとんどの地域で実施されており、実施するすべての地域で科目が軽減されている。国語、数学、英語を課す地域が多いなか、埼玉県と大阪府では国語の学力検査が軽減されている。高い日本語学習レベルが問われる国語の学力試験の軽減が外国人生徒の受験に与える影響は大きいだろう。原則学力検査のみが実施される地域は神奈川県だけで、その他の地域は面接や作文が課される。反対に原則学力検査を行わない地域は、千葉県、東京都、三重県、長崎県の４地域で、いずれも面接と作文が課されている。また、大阪府は、作文の時間に、題意のキーワードに外国語を併記したものを配布することや英語以外の辞書の持ち込みが認められている。加えて、漢字にルビがふられたり、学力検査の時間が1.3倍に延長されたりすることが明記されている。他の地域に比べ配慮が細やかである。

滞日年数

「外国人生徒」及び「外国籍生徒」を対象にしている場合と、「海外帰国子女等」といった本来帰国子女および中国等帰国生徒を対象にする措置の状況を整理すると、明らかに外国人生徒が想定されているのは11地域で、そのうち滞日年数は、９年が１地域、３年が７地域で、記載なしが

3地域だった。「弾力的に取り扱う」など具体性は欠くが申請すればなんらかの「配慮」が受けられるのも11地域で、うち3年が4地域、記載なしが7地域だった。これらを合わせると特別措置がある地域は22地域となる。

母語への「配慮」

特別枠と特別措置が実施される地域における母語への配慮をみてみよう。特別枠の受験科目で国語(日本語)の学力検査が軽減される地域は2地域。作文が必要となる地域で、母語の使用が認められているのは3地域だけである。特別措置では、作文で母語の使用が認められているのは北海道の後期試験のみである。ルビふりの実施が明記されていたのは東京都と滋賀県の2地域だった。重複を除けばわずか6地域しか母語への配慮は確認できない。全国の9割の地域で母語への配慮がないことになる。

このように3つの条件を全国規模で整理してみると、地域による違いが大きいことがなによりの特徴と言えよう。特別枠や特別措置の配慮が受けられることが明快に記載されているのは3—4割の地域に限られる。母語への配慮が実施されているのはごく一部の地域に限られる。滞日年数は特別枠・特別措置共に3年が一番多い。特別枠や特別措置に関する名称も内容も各地で統一されておらず、特別措置におけるほとんどがいわゆる帰国子女や中国等帰国者をさす「海外帰国者」の名称の下で措置が講じられている。

これらは教育を受ける「機会の平等」という観点からも、継続的教育の保障という観点からも地域格差といえる問題である。また、外国人生徒およびその保護者にとって、情報が入手しにくいので理解が難しく、非常に複雑な制度になっているといえよう。さらに、都道府県単位での外国人生徒の高校進学率は大半明らかにされておらず、特別枠と特別措置が進学に対してどの程度の効果を生んでいるかについてはほとんど不透明な現状がある。

全国都道府県の特別枠・特別措置の実態については、小島（２０１２）の調査結果が参考になる。小島は47都道府県教育委員会および13政令都市教育委員会の計60教育委員会を対象にして、平成24年度入学者にかかわる①外国人生徒を対象にした入学者選抜（特別枠のこと）の有無とその内容、②外国人生徒を対象にした入学特別措置の有無とその内容について調査した。50教育委員会から得た回答では、特別枠は全日制で「有る」15、「一部有り」1、「無い」34、定時制で「有る」9、「一部有り」1、「無い」37、非該当3、通信制では、「有る」2、「一部有り」ゼロ、「無い」37、非該当11という結果であった。また、特別措置に関しては、全日制で「有る」29、「一部有り」1、「無い」20、定時制で「有る」27、「一部有り」2、「無い」18、非該当3、通信制では「有る」9、「一部有り」1、「無い」28、非該当11、「回答なし」１の結果であった。特別措置を有する地域は全体の半数を超えるが、特別枠を有する地域は全体の３割に留まっている。

栃木県の特別措置

栃木県には、特別枠はなく、「海外帰国者・外国人等の受検に関する特別措置」がある。栃木県の入試細則で特別措置の志願資格について、「外国人等については入国後3年以内の場合は、その事情によっては、高等学校長の判断によって志願資格を設定することができる」と規定されている。平成21年度までは、「海外帰国子女等による受検に関する特別措置」と位置づけられ、「外国人」の名称は平成22年度から使われるようになった。

特別措置として、「A　海外特別選抜（以下、A選抜）と「B　海外特別措置」（以下、B措置）が用意されている。A選抜の場合、一般的には面接と調査書等で合否が判断されるが、高等学校長の判断で学力検査及び作文が課される場合がある。B措置の場合は、学力検査と調査書等のほか作文及び面接が行われる。ただし、学力検査は一般入試の5教科に対して3教科（国・数・英）である。A選抜不合格者は、A選抜実施より後に行われるB措置受検が可能である。外国人生徒の受検資格はどちらも「入国後3年以内」となっている。

A検査については、受検人員・合格内定人員が公開されているが、公開されているのは海外帰国生徒と外国人生徒の合計の数値である。A検査を受検する際に提出する申請書では、志願者の区分が「ア　現地校（卒業生・在学）」、「イ　外国人等」、「ウ　在外教育施設（日本人学校）（卒業・在学）」に分けられているが、志願者別の数値は公開されていない。B検査については、受検人員・合格内定人員とともに公開されていない。県教委によると、その理由としては、Ｂ検査は一般入試と同じ判定会議であるため、一般入試の人員と分けて外国人生徒のみの受検人員・合格内定人員数を出すことは出来ないとのことであった。このように、外国人生徒の特別措置利用状況は不透明である。

３　栃木県における６回目の外国人生徒進路調査結果

調査の概要

外国人生徒の特別措置利用を含めた高校進学の実態が明らかにされていないことをうけ、筆者を代表者とする研究グループは、栃木県における外国人生徒の進路調査をこれまで６回行った。ここでは、６回目の調査結果を示す。

調査対象は栃木県内全ての公立中学校に在籍する第３学年在籍生徒のうち、外国籍生徒および日本国籍でも３年次に「日本語指導が必要な生徒」として把握されていた生徒（つまり日本語を母語としない生徒）である。回答は、卒業する外国人生徒の担任あるいは当該学年担当の先生に記入してもらう方法を取った。調査票は、まず、県内市町教育委員会に郵送し、教育委員会から管轄の中学校へ配布してもらい、その後、教育委員会が回収した調査票を大学まで郵送してもらうという方法を取ってきた。

調査票では、性別、国籍、母語、来日年齢、就学歴、進路希望、受検（験）方法、平成28年3月31日現在で確定している進路状況を聞いた。調査票は157校（分校及び県立は除いた）の県内全公立中学校に配布した。調査の協力依頼文において、①か②に該当する者がいない場合でも、「該当者なし」として返信してもらうように依頼をした。157校のうち、50校から123人の該当する生徒について回答があった。88校からは「該当者なし」の返答があった。中学生生徒の学年別内訳は、1年160人、2年158人、3年157人である（栃木県教育委員会提供「平成26年度小・中学校教育課程等に係る調査結果から」）。平成28年3月卒業生を平成26年5月1日現在2年生だった158人と仮定すると、今回の調査で進路が把握できた123人はその母数の77・8％に当たる。

生徒の属性と進路結果の概要

123人の生徒の性別は、男性62人（50・4％）、女性61人（49・6％）であった。主な母語別状況では、スペイン語31人（25・2％）、日本語29人（23・6％）、ポルトガル語19人（15・4％）、フィリピノ語（タガログ語）15人（12・2％）、中国語14人（11・4％）、ウルドゥー語

表1　進路結果

進路結果			人数(%)	割合(%)
進　学	高等学校	公立全日制	56	45.5
		公立定時制	16	13.0
		公立定時制(フレックス)	8	6.5
		私立全日制	23	18.7
		私立通信制	1	0.8
	産業技術学校		1	0.8
	専修(専門)学校		4	3.3
就職			3	2.4
帰国			2	1.6
未定			8	6.5
無回答			1	0.8
合計			123	100.0

は5人(4.1%)であった。主要国籍別では、ペルー29人（23・6%）、ブラジル28人（22・8%）、フィリピン20人（16・3%）、中国17人（13・8%）、パキスタン5人（4.1%）、日本と韓国とボリビアがそれぞれ3人（2.4%）であった。前回の調査ではポルトガル語を母語とするものが一番多かったが、今回はスペイン語を母語とするものが一番多かった。

ペルー国籍29人のうち、スペイン語母語25人（86・2%）、日本語母語2人（6.9%）、ポルトガル語1人（3.4%）、日本語とスペイン語の両方を母語とする生徒が1人（3.4%）である。ブラジル国籍28人のうち、ポルトガル語母語18人（64・3%）、日本語母語10人（35・7%）である。フィリピン国籍20人のうち、フィリピノ語（タガログ語）母語が14人（70・0%）、日本語が3

人（15・0％）、ビサヤ語が2人（10・0％）、英語が1人（5.0％）である。中国国籍17人のうち、中国語母語14人（82・4％）、日本語母語3人（17・6％）である。パキスタン国籍の5人の母語は、全員ウルドゥー語である。日本国籍3人のうち日本語、スペイン語、フィリピノ語（タガログ語）が各1人ずつである。

123人のうち、中学3年時に日本語指導が必要な生徒は37人（30・1％）、必要としない生徒は85人（69・1％）である。栃木県には、外国人児童生徒を支援する制度として、外国人児童生徒教育拠点校（通称拠点校）制度がある。日本語指導を必要とする外国人児童生徒が比較的多い（多くの場合5人以上）学校は拠点校に指定され、外国人児童生徒のための教員が加配され、日本語教室が設置される。123人のうち、拠点校在籍者は46人（37・4％）、非拠点在籍者は75人（61・0％）で、無回答が2人（1.6％）いた。

来日年齢別状況は、日本生まれを意味する0歳が50人（40・7％）、1〜5歳14人（11・4％）、6〜9歳11人（8.9％）、10〜12歳15人（12・2％）、13歳以上15人（12・2％）、無回答18人（14・6％）であり、日本生まれの者が一番多かった。外国人住民の定住化が示唆される数値である。

年齢が13歳以上の生徒の母語別状況をみると、15人のうち、フィリピノ語（タガログ語）8人（53・3％）と中国語4人（26・7％）が多かった。日本語と韓国語とビサヤ語が1人ずつで、ポルトガル語とスペイン語はいなかった。

進路希望については１２３人のなかで進学希望者が１０８人（87・８％）と圧倒的に多く、前回よりも2.5％増えた。進学希望者１０８人のうち、公立高校希望者は83人（76・９％、進学希望者１０８人を母数とした場合の比率、以下同様）、私立高校希望者は14人（13・０％）、高校以外の学校への進学４人（3.7％）、「進学」とだけ記載されていたものが５人（4.6％）、県内公立高校と県内私立高校の両方を希望するものが２人（1.9％）であった。

栃木県の公立高校入試では、一般選抜、特色選抜、「海外帰国者・外国人等のための特別措置」（A選抜とB措置）の３種類の選抜方法がある。公立高等学校全日制の入学者選抜においては、平成26年度より、従来の推薦入試が廃止となり、「特色選抜」による入試が実施されることになった。特色選抜では、中学校からの推薦書が不要となり、受検者自らが「特色選抜志願理由書」を入学願書などとともに提出することになった。定時制課程のフレックス特別選抜では、平成17年度より県内１校で実施されている。学力検査は行わず、志願理由書（自己ＰＲ書）、調査書等の書類、面接及び作文の結果を総合的に判断して選抜する方法である。定時制課程の受検について、一般選抜とフレックス特色選抜に分けて聞いた。

受検実施状況が把握できた者92人の受検形態別状況は以下の通りであった。「全日制一般選抜」51人（55・４％、92人を母数とした場合の比率、以下同様）、「全日制特色選抜」７人（7.6％）、「定時制一般選抜」10人（10・9％）、「定時制フレックス特別選抜」7人（7.6％）、「全日制一般選抜と特色選抜」7人（7.6％）、「一般選抜（全日制と定時制）」2人（2.2％）、「B措置と定時制一般選抜」2人（2.2％）、「A選抜とB措置の両方」3人（3.3％）、「A選抜」2人（2.2％）。特色選抜受検者は14人（15・2％）である。フレックス特別選抜受検者は定時制受検者の約3割に相当している。

表1は、進路結果を示している。高校進学者は104人で、回答者全体123人の84・5％を占めた。進学先別の進学者と全体の人数123人に占める割合は、公立全日制56人（45・5％）、公立定時制16人（13・0％）、公立定時制（フレックス校）8人（6.5％）、私立全日制23人（18・7％）、私立通信制1人（0.8％）となった。

日本語指導必要の有無別進路結果

日本語指導「有」37人の進学先では、公立定時制が一番多く13人（35・1％、フレックス校5人含む）で、私立全日制6人（16・2％）、公立全日制6人（16・2％）と続く。日本語指導「無」85人の進路結果では、公立全日制が最も多く49人（57・6％）、私立全日制17人（20・0％）、公立定時制11人（12・9％、フレックス校3人含む）と続いている。

国籍別進路結果

回答者が10名以上の主な国籍別高校進学状況をみておくと、ペルー国籍の生徒は、29人中、公立全日制10人（34・5％）、公立定時制８人（27・5％、フレックス校３人含む）、私立全日制９人（31・０％）である。ブラジル国籍生徒の場合、28人中、公立全日制17人（60・７％）、公立定時制４人（14・3％、フレックス校１人含む）、私立全日制３人（10・7％）である。フィリピン国籍の場合は、20人中、公立全日制５人（25・0％）で、公立定時制６人（30・0％、フレックス２人含む）、私立全日制３人（15・０％）となっている。中国国籍の場合は、17人中、公立全日制11人（64・7％）、私立全日制３人（17・6％）、公立定時制（フレックス校）１人（5.9％）となっている。

母語別の進路結果

回答者10人以上の主な母語別高校進学状況についてみておくと、スペイン語31人のうち、公立全日制９人（29・０％）、公立定時制９人（29・０％、フレックス校４人含む）、私立全日制９人（29・０％）である。ポルトガル語を母語とする19人の場合、公立全日制10人（52・6％）、公立定時制４人（21・１％、フレックス校１人含む）、私立全日制２人（10・５％）である。日本語29人のうち、公立全日制20人（69・０％）、公立定時制１人（3.4％）、私立全日制

5人（17・3％）である。フィリピノ語（タガログ語）の場合は、15人のうち、公立全日制4人（26・7％）、公立定時制3人（20・0％、フレックス校2人含む）、私立全日制2人（13・3％）である。中国語の場合は、14人のうち、公立全日制8人（57・1％）、私立全日制3人（21・4％）、公立定時制（フレックス校）1人（7.1％）となっている。

特別措置利用状況

今回の調査で、特別措置受検資格を有していた生徒は123人中15人（12・2％）である。この15人のうち特別措置を使って受検したのは5人である。このほか、「入国後3年以内」ではないが、特別措置を利用した生徒が2人いた。その7人の母語別状況はフィリピノ語(タガログ語)2人、中国語3人で、その他はポルトガル語と韓国語が各1人、国籍別ではフィリピン1人、中国3人、ブラジルと韓国と日本が各1人である。

7人の受検結果は、以下の通りである（括弧内は母語）。5人がA選抜を受検したが、A選抜で公立全日制に合格したのは2人（フィリピノ語（タガログ語）と中国語）であった。A選抜で不合格となった3人がB措置で受検し、1人(中国語)が公立全日制に合格した。残りの2人(フィリピノ語（タガログ語））はB措置でも不合格となり、私立の全日制へと進学した。このほか、B措置で2名（韓国語、ポルトガル語）が受検したが、不合格となり、公立定時制の一般選抜

表2　特別措置を受験した7人の結果

国籍	母語	受検実施状況	日本語指導	結果
日本	フィリピノ語（タガログ語）	A選抜	有	公立全日制
中国	中国語	A選抜（私立一般）	無	公立全日制
中国	中国語	A選抜とB措置の両方	有	公立全日制
中国	中国語	A選抜とB措置の両方（私立一般）	有	私立全日制
フィリピン	フィリピノ語（タガログ語）	A選抜とB措置の両方（私立一般）	有	私立全日制
韓国	韓国語	B措置と一般選抜（定時制）	無	公立定時制
ブラジル	ポルトガル語	B措置と一般選抜（定時制）	無	公立定時制

を受検し合格した。すなわち、特別措置を受検した7人の進路は公立全日制3人、公立定時制2人、私立全日制2人であった。特別措置で受検した7人の生徒のうち日本語指導「有」の生徒は4人であった。このうち、2人は公立全日制に進学し、2人は私立全日制に進学した。表2は、7人の受検結果を母語・国籍・日本語指導の有無別に示したものである。

「入国後3年以内」ではなく特別措置を利用した生徒2人についてであるが、国籍ブラジル、母語ポルトガル語の生徒の場合、来日年齢「0歳」で就学期間は「6年3か月」と調査票に記載されていた。日本で生まれて中学を卒業するまでに何度か帰国していると思われる。国籍中国、母語中国語の生徒の場合、来日年齢「12歳」で就学期間は「3年」と調査票に記載されていた。

4　まとめと今後の展望

6回目の調査結果から明らかになった事実は、過去5回の調査結果とほぼ同様な傾向を示している。すなわち、高校進学率が全国平均よりも高いと思われること、日本人生徒に比べて公立全日制への進学率が低く定時制のへの進学率が高いこと、特別措置利用者が全体の1割に満たないこと、特別措置利用者7名のうちアジア系生徒は6人、南米系生徒は1人であった、などである。

栃木県における外国人生徒の高校進学率が比較的高い一因は、調査対象者のなかで、「日本語指導が必要」な児童生徒が例年3割以下であることが関係しよう。全国平均では、外国人児童生徒総数の約4割が日本語指導を必要とする児童生徒である。また、日本語を母語とする生徒および日本で生まれた生徒の割合が平均して高いことも進学率を押し上げている要因と考えられる。

公立定時制への進学率は過去5回、14・9%、6.3%、12・2%、12・6%、19・8%と推移してきたが、今回は19・5%と、前回同様高い数値となった。日本語指導「有」37人の進学先では公立定時制が一番多く、約35%を占める。

特別措置受検による合格者が調査回答者に占める割合は過去5回6.4%、5.5%、5.7%、6.7%、

3.4％と推移してきたが、今回は2.4％であり、これまでの最小値となった。国籍別・母語別の進路状況については、1回目から4回目まで南米系生徒の進学率がやや低い傾向が確認されてきたが、前回と今回では国籍別・母語別間の大きな差は確認されなかった。ウルドゥー語を母語とする生徒が5人（男子2名、女子3名）が確認されたことは、今回が初めてであった。そのうち2名（40％）が「未定」という結果であった。

今後の外国人生徒の進学率においては特色選抜が1つの鍵を握ると思われる。特色選抜では、中学校からの推薦書が不要となり、受検者自らが「特色選抜志願理由書」を書いて受検する。この選抜の導入3回目となった今回、特色選抜を受検した外国人生徒は14人で合格者は7人（50・0％）であった。従来の推薦入試で外国人生徒がどれほど受検していたか定かではないが、極めて少数だったと思われる。不合格となった7名は、その後に行われた一般選抜を受検し、6名が合格した。つまり、14人のうち、13人（92・8％）が公立全日制に進学している。なお、一般選抜でも不合格となった1名は、私立全日制に進学した。特色選抜が外国人生徒の受検・進学にどれほどの効果を及ぼすのか、注目する必要がある。

改めて特別措置について言及しておこう。外国人生徒の進路についての栃木県の調査から見えてきたのは、特別措置については、「来日年数3年以内」の要件が厳しく、外国人生徒は事実上この制度から排除されている。「来日年数3年以内」を要件としている都道府県は少なくなく、同様な傾向は全国的にみられると思われる。「特別」な制度があるにも関わらず形骸化し、それが機能していない現実がある。

また、特に特別措置を通じて入学した生徒には、高校入学後の手厚いサポートが必要であろう。しかし、県内の高校をいくつか訪問して聞いた限りでは、高校側では、外国人生徒の実態さえ把握しておらず、「受検で入学してきたのだから日本人も外国人も同等に扱う」という考え方が大勢を占めていた。これでは、外国人生徒のドロップアウトを防ぐことは難しい。

文部科学省初等中等教育局長決定で平成19年７月に設置された「初等中等教育における外国人児童生徒教育の充実のための検討会」は、小中学校における外国人児童生徒の受け入れ体制の整備や日本語・適応指導の充実を図ることが急務の課題となっているとの立場から、約１年間充実方策を多面的に検討し、その結果を平成20年9月に『外国人児童生徒教育の充実方策について』として著した。この報告書では、外国人生徒の高校進学を支援することが重要であると指摘されている。おそらく、国レベルの報告書で、外国人生徒の高校進学への支援が明言されたのはこれが初めてであろう。報告書では、都道府県単位で行われている外国人生徒を対象とした特別定員枠を設定することや受験教科数の軽減などの配慮措置の取り組みが「さらに進められることが望ましい」と指摘されている。しかし、外国人生徒の高校受験のための特別枠や特別措置の中身や受験資格の条件等は都道府県ごとに大きく異なっているのが現状であり、現行の制度の効果や課題を検証することなく「さらに進められることが望ましい」と言及されるだけでは、具体的なビジョンの構築には至らない。本論が示したように、特別措置が事実上形骸化しているという事実があるが、全国的に、特別枠や特別措置がこれまでどのような効果を有してきたかについて検証する作業はまだ少ない。特別枠・特別措置の制度の問題を含め、外国人生徒の高校進学をめぐる地域・母語・国籍別格差の実情を多面的に分析していくことが問われよう。

文部科学省「学校における外国人児童生徒等に対する教育支援の充実方策について」（報告、平成28年９月）では、〈高等学校における指導の充実〉として、「小・中学校における外国人生徒学校教育から連続する形で、高等学校における日本語指導・教科指導の内容の改善・充実を図ることが必要である」と記載されるに至った。高校進学支援と同様に、高等学校における指導の充実は、今後より一層重要な課題となっていくであろう。

第10章　宇都宮大学国際学部の実践

―HANDSと外国人生徒入試

・・先生から、船山先生がへんしゅうされた中学数科単語帳をプレゼントしてもらいました。この本はフィリピン語がん字ひらがながぱっと見てすぐわかるのでとても役にたっています、いつもカバンの中にもっています。とてもいい本をもらってうれしく思ってます。本やさんに行ってさがしてもこんな本はありませんでした、だからとってもたすかっています。

（中学校教科単語帳利用者からの手紙）

1　外国人生徒入試開始！

宇都宮大学国際学部は、２０１６年度入試より、特別入試として「外国人生徒入試」を開始した。外国籍で、日本国内で高等学校や中等教育学校もしくは外国人学校を卒業した（又は卒業見込）者を対象にした特別入試であり、国立大学では初めての試みである。外国人生徒入試は、国際学部が地域のグローバル化に対する地域貢献として進めてきた外国人児童生徒支援事業（ＨＡＮＤＳプロジェクト、以下、ＨＡＮＤＳ）を踏まえて、着想・実施されたものである。ＨＡＮＤＳという名称は、様々な関係者が手と手を取り合って進んで行こうという精神を大事にするという意味で用いている。本章では、宇都宮大学国際学部の実践として、ＨＡＮＤＳと外国人生徒入試について論じる。

まず、宇都宮大学国際学部・国際学研究科に在籍している２人の学生を紹介したい。

Ａ（ペルー国籍）は、ペルー生まれで、現在国際学研究科博士後期課程2年の学生である。かれは１９８４年にリマ市で生まれた。父親は非日系のペルー人で、母親が沖縄系日系ペルー人の2世である。両親は出稼ぎ目的で91年に来日した。かれは93年1月に両親に呼び寄せられ、来日。小学校2年の３学期から、福岡にある日本の小学校に編入した。日本の中学校・高校を卒業後、東京の専門学校に2年間通う。主な目的は、母語であるスペイン語と英語を学ぶことであった。その後、ペルーに行き、約6年間、日本語教師や領事館勤務などをしながら、ペルーで暮らした。その間、日本から帰国した児童生徒の日本語支援などを目的とするボランティア活動に関わっていたが、そこで調査に行っていた本学のペルー国籍の教員と出会ったことが、後に本学を受験する1つのきっかけとなった。２０１１年に再来日し、大阪にある南米への旅行を斡旋する会社でしばらく働いた後に、本学部に3年次編入試験を通して12年度に入学した。14年度に大学院前期課程に入学し、16年度に博士後期課程に入学した。

Ｂ（ブラジル国籍）は、ブラジル生まれで、現在国際学部の４年生である。かれは90年にサンパウロで生まれ、経済や治安問題の面から日本へ行くことを決めた両親（いずれもブラジル国籍）と共に、２００４年に来日した。当時、中学2年生であった。最初は外国人学校への入学を希望していたが、経済的に困難ということで、日本の学校に入学した。栃木県の高校入試制度で設けられている特別措置制度を通じて県内の公立高校に進学した。その後、県内の短大を卒業した後に、一度ビジネスホテルに就職している。その後、ＨＡＮＤＳとの出会いなどがきっかけとなって、本学部に3年次編入試験を通して14年度に入学した。学部では、教師になることも視野に入れ学んできた。

ＡとＢは、2人とも来日時の日本語能力はほぼゼロであった。現在、2人とも日本語は流暢に話し、日本語とスペイン語あるいは日本語とポルトガル語の同時通訳が出来るだけの能力を有している。この2人の学生以外にも、国際学部には毎年のように外国にルーツのある学生が入学してくる。かれらと接していると、一般的に、日本人学生にはない力強さとポテンシャルを感じる。それにはおそらく、日本語や外国籍等の面で苦労が少なくなかったことや、2つの言語や文化を有していることなどが関係しよう。いわば、外国人生徒は「グローバル人材」(多文化共生社会の担い手)として将来の日本を支える有力な人材候補生である。

しかし、一般に、外国にルーツのある学生が学力試験を通じて国立大学に進学することには大きな壁があることも事実であろう。AとBは、学力試験を課さない3年次編入学試験で、国際学部に入学している。また、経済的理由で大学への進学が難しい外国にルーツのある生徒は少なくないと思われる。「外国人生徒入試」を開始するに至った根底には、モチベーションと潜在的能力が高い外国にルーツがある学生を積極的に受け入れ学ぶ機会を提供したいとの想いがある。

2　外国人生徒の進学問題に関する問題意識

外国にルーツのある学生（以下、外国人生徒あるいは外国人児童生徒）の教育や進学問題に研究や地域貢献プロジェクトを通じて10年近く関わってきた。以下の３つを大きな問題として捉えている。

①外国人生徒の高校進学率は日本人生徒に比べてはるかに低い。
②外国人生徒の高等学校中途退学率は日本人生徒に比べてはるかに高い。
③外国人生徒の大学進学率は日本人生徒に比べてはるかに低い。

高校進学できない外国人生徒や高校からドロップアウトする外国人生徒は、将来、「下層」として日本社会に固定化されていくことが懸念される。進学格差の問題を放置することは将来の貧困・民族問題を作りだすのである。一方、外国人生徒は「グローバル人材」の大いなる候補生である。外国人生徒が「下層」に固定化されることを抑止するとともに、かれらが「グローバル人材」に成長することを促すような実践的な取り組みとそれを支える研究が強く求められていると考えている。

外国人児童生徒は、「日本の学校で学ぶ児童生徒」と「外国人学校で学ぶ者」に大別される。

文部科学省の調査によれば、２０１４年５月１日現在、全国の公立学校に在籍している外国人児童生徒数は７３,２８９人（12年度より１,７４４人増加）で、そのうち日本語指導が必要な外国人児童生徒数は２９,１９８人（前回の調査より２,１８５人増加）で、約４割に相当する。日本語指導が必要な児童生徒の主要母語別状況は、ポルトガル語28・６％、中国語22・０％、フィリピノ語17・６％、スペイン語12・２％となり、４言語で全体の80・４％を占める。なお、日本語指導が必要な日本国籍の児童生徒は７,８９７人（２０１２年度より１,７２６人増加）いる。日本語指導を必要とする日本国籍の児童生徒は近年増加継続して増加傾向にある。佐久間が「教育現場での外国籍児童・生徒とは、日本国籍の有無に関わり無く、人間として最初に使用した言語が、日本語以外の外国人児童・生徒としたほうが正確」（佐久間２００６、22頁）と主張するように、学校現場の指導で問われるのは外国籍ではなく、日本語を母語としない児童生徒である。日本語指導を必要とする児童生徒のなかで外国籍の児童生徒が占める割合は約８割である。

外国人学校とは外国や外国人に関わりを持つ学校の総称であり、主に外国籍の子どもを対象に独自のカリキュラムを編んで運営している学校である。日本の学校教育法上、「１条校」として認められていない。主な外国人学校として、インターナショナルスクール、中華学校や朝鮮学校などオールドカマー系学校、ブラジル人学校等のニューカマー系学校がある。ニューカマー系外国人学校でのカリキュラムは基本的に帰国の準備に向けた母語・母語文化の学習を目指すものと言えるが、外国人学校に通う生徒のなかには日本の大学への進学を希望するものもおり、増加傾向にあると思われる。

定住化傾向が強まる中で、日本の高校や大学への進学を希望する外国人生徒は増加しているが、日本語指導が必要な外国人生徒が学力試験を受験して高校や大学に進学すること及び外国人学校の修了生が学力試験を受験して日本の大学に進学することは容易ではない。特に外国人学校の修了生がセンター入試を受検して国立大学に入学することはまず無理である。

3　宇都宮大学国際学部とＨＡＮＤＳ

宇都宮大学国際学部は国立大学唯一の国際学部として、「英語＋1言語」の実践的学修と学際的総合教育（宇都宮大学国際学部編、２０１４）を重視してきた。近年、全国的に「グローバル人材」の育成が大学教育における急務の課題と認識されつつあるが、「グローバル人材」は日本企業のグローバル化を担う「外向き」の人材という文脈で語られることが多い。国際学部の課題をこのような「外向き」の人材育成に特化させることはできない。グローバル化に伴って生起する国際社会・地域社会の諸課題を分析し、様々な人間同士の「共生」の視点から創造的な地域の発展に貢献できる人間力を持つ人材の育成こそがより問われている。換言すれば、「地域のグローバル化」と「地域からのグローバル化」に向き合うことが出来る「グローバル人材」の育成が求められている。

「地域からのグローバル化」のキーワードは「発信」であり、それは、日本の各地域から社会・経済・文化・政治に関連して世界の各地に活動の場を拡げることを目指す。「地域のグローバル化」のキーワードは、「受容」であり、それは、日本の各地域において国際的な社会・経済・文化・政治の共生に関して活動を拡げることを目指す。「受容」において特に求められるのは、人材を迎える懐の深さであり、他の文化や価値を受容する能力である。具体的な課題としては、外国人労働者が働きやすい環境作り、外国人住民が住みやすい地域作り、外国の企業や観光客を引き寄せる魅力作り、外国人児童生徒が学びやすい教育システムの構築、貧困・高齢外国人への社会保障の充実、などがあろう。

「地域のグローバル化」に向き合い、グローバルな視点からの地域貢献の柱として国際学部が組織的に進めてきたのが、外国人児童生徒支援のための教育研究プロジェクトであるＨＡＮＤＳである。

国際学部は、国立大学が法人化した２００４年度から、宇都宮大学重点推進研究として、外国人児童生徒教育問題に関する研究プロジェクトを本学部教員の分野横断的な研究として開始した。本プロジェクトは、国際化する地域の中で、外国人児童生徒教育と日本人児童生徒の国際理解教育の現状を認識し、その改善に向けた人材養成と地域貢献を推進しようとするものであった。本プロジェクトは、２００７年度より、本学特定重点推進研究として、教育学部との学内連携、県内主要地域の教育委員会・小中学校との学外連携の強化を軸に、研究内容を拡大・深化させた。

また、地域の拠点大学である本学の国際学部が教育研究資源を有効活用し、地域のグローバル化に応えるための教育研究拠点を構築することの必要性が強く認識されるようになった。この認識は２００８年度の多文化公共圏センター（２０１１年度より国際学部附属多文化公共圏センターに改称）の設置に結実している。多文化公共圏センターは、栃木県内外の自治体・教育委員会・国際交流協会・市民団体等（ＮＧＯ／ＮＰＯなど）とネットワークを形成し、実践的諸課題を解決することを目的に設置されたものである。宇都宮市と日光市における多文化共生に関する住民（日本人・外国人）意識調査、「グローバル教育」の推進、多文化共生と「グローバル化する世界の諸問題」に関する連続市民講座、宇都宮大学生国際連携シンポジウムの開催などの諸事業を精力的に行ってきている。

ＨＡＮＤＳは２０１０年度より文部科学省特別経費プロジェクトに採択され、外国人児童生徒の学習支援や高校進学支援のための事業を多面的に推進してきた。主な事業として、多言語による高校進学ガイダンスの開催、『中学教科単語帳』（日本語⇔タイ語・スペイン語・ポルトガル語・中国語・フィリピン語・ベトナム語）の刊行、外国人児童生徒学習支援のための本学学生の派遣、外国人児童生徒教育に関わる教員が活用できるマニュアルの刊行、栃木県における外国人生徒の中学卒業後の進路調査、県内全域の教育委員会・小中学校長とのネットワーク構築などを行ってきた。

当初ＨＡＮＤＳは、地域貢献＋研究という形で始まったが、近年は人事育成教育としての性格を強めている。ＨＡＮＤＳの学生組織であるＨＡＮＤＳ Jrも結成され、様々な事業に参画している。そのなかには、元外国人児童生徒だった学生も含まれる。かれらは、ＨＡＮＤＳの事業に携わりながら、日本語や学校への適応に苦労した自身の過去も思い出しているであろう。

２０１０年度から２０１５年度までの学生参加に関する実績の一部を示すと、多言語による高校進学ガイダンス18回開催 １５４人、小中学校や日本語教室への宇大生派遣 ２２０人である。ガイダンスは、日本語＋８言語での資料と通訳を用意するが、外国にルーツのある学生は留学生と共に通訳等で大きな役割を担ってきた。また、ＨＡＮＤＳで立ちあげた授業「グローバル化と外国人児童生徒教育」は６２３人の学生が受講した。県内関係者のネットワークづくりの点では、９市１町との「外国人児童生徒教育推進協議会」は18回開催し参加者総数 ２７０人、小中校教員の研修を図る「外国人児童生徒支援会議」も同じく18回開催し参加者総数は ４４７人であった。

なお、文部科学省特別経費プロジェクトとしてのHANDSは2015年度で終了し、2016年度からは多文化公共圏センターの事業として位置付け直し新たなスタートを切った。

4　進路保障

HANDSでは、外国人生徒の高校受験に対する配慮として、都道府県単位で設けられている特別枠と特別措置についても協議を重ねてきた。特別措置も特別枠も、社会的に弱い立場に置かれている人々を政策的に優遇する措置が必要だという考えに基づいた「積極的差別是正措置」（アファーマティブ・アクション）と言える。このうち、外国人生徒の高校進学率を確実に上げてきたのは、特別枠であると思われる。筆者は、ここ数年、神奈川県の外国にルーツのある生徒を対象とする特別入試（在県外国人等特別募集）について関心を持ち、関係者と情報・意見交換する機会を持ってきた。

在県外国人等特別募集が設置されたのは1995年で、その時の対象校は1校であった。その後、徐々に拡大し、2016年度入試では10校が在県外国人等特別募集を行い、総定員は

119人であった。基本的に学齢以降の在留期間が3年以内の外国籍の人を対象にする特別枠である。日本国籍に帰化した場合も、対象に含められる。選抜の方法は、国語・数学・英語の教科の学力検査（ルビ付き）と面接である。

ME－net（NPO法人多文化共生教育ネットワークかながわ理事）の吉田美穂によると、神奈川県の在県外国人等特別募集が外国人生徒の高校進学を確実に促してきたのは、高校入試においては一般の試験と同様に在県外国人等特別募集でも「定員内不合格は出さない」という神奈川県教育委員会の方針に決定的な理由がある（吉田2015）。吉田は、他の都道府県で「特別枠」を有するところはあるが、実はあまり入学できていない実態があるのではないか、その理由として、定員内不合格がある適格者主義が働いているのではないか、と語っている。

特別枠の効果についての検証は大きな課題であろう。例えば、茨城県の場合、すべての公立高校に定員2人の外国人枠が割り当てられている（「入国後3年以内」であれば3教科と面接で受検が可能）。茨城県全体では約200人の外国人枠があることになる。しかし、外国人枠を利用して高校進学している生徒数は極めて限られているようである。茨城NPOセンター・コモンズが2013年春に卒業した生徒を調査した結果によると、「入国後3年以内」と思われる生徒が36人いた中で特別枠を使って受検したのは9人であった。その一因としては、1校に定員2人という限られた枠では、一般の入試よりも競争率が上がってしまうことも予想されるため、「入国後3年以内」であっても、一般の入試を選択する生徒が多いのではないかと指摘されている（「教育の国際化対応を考える円卓フォーラム 会議録～茨城の外国児童生徒の学習環境向上のために～」２０１４年3月23日、筑波大学）。

適格者主義とは高校に入学するにふさわしい能力を有する人のみを選抜して入学させる考え方であり、多くの都道府県では適格者主義が取られていると思われる。「特別枠」が設けられていても、適格者主義が取られていれば、「枠」の効果は受検する生徒の能力によって決まる。この点、神奈川方式では、「定員内不合格は出さない」方針によって、応募者数に近い入学者が毎年保障されてきた。高校側が試験の結果を見て、レベルが低いことを根拠に不合格にするのか、レベルが低くても受け入れるのか、決定的に異なった結果となる。最近5年間の神奈川県での在県外国人等特別募集での合格者は、２０１２年度83人（募集人数１０９人、以下同様）、２０１３年度80人（１０９人）、２０１４年度92人（１０９人）、２０１５年度98人（１１４人）、２０１６年度１０９人（１１９人）と推移しており、合格者は増加傾向にある。このような特別入試の効果によって、神奈川県は「日本語指導が必要な外国人高校生」を多数有する県の1つとなっている。日本語指導を必要とする外国人児童生徒数が多い上位5都道府県について、総数に占める高校生の割合を示すと、愛知県６，３７３人中高校生２１１人で高校生が占める割合は3.3％、神奈川県３，２２８人中４０５人で12・5％、静岡県２，４１３人中89人で3.7％、東京都２，３０３人中３６６人で15・9％、大阪府１，９１３人中２５８人で13・5％となっている（２０１４年度5月１日現在）。神奈川県は、東京都と大阪府に次いで日本語指導を必要とする高校生の割合が高く、このことが在県外国人等特別募集の効果であることは明らかである。

大阪府の特別枠について、２０１６年11月に大阪府教育庁でヒアリングする機会が得られたので、そこで得られた情報を整理しておこう。

大阪府は２００１年度選抜から「中国帰国生徒及び外国人生徒選抜」という新たな枠を創設した。当初は２校で開始し、その後、日本語指導が必要な生徒が多数在籍している地域を中心に実施校を拡大し、２０１７年度入試は7校で実施される。この特別枠は中国等から帰国した者又は外国籍を有する者で、原則として、小学校第4学年以上の学年に編入学した者を対象とする。募集定員は各校若干名として、全体の募集定員の５％以内としている。このため、毎年、各校に10名―14名の生徒が入学している。過去５年間の定員と合格者数は、２０１２年度定員62名、合格者51名、13年度定員62名、合格者60名、14年度定員64名、合格者52名、15年度定員72名、合格者68名、16年度定員72名、合格者67名である。

日本語指導を充実することや外国人生徒たちが孤立することを防ぐために、特別枠を有する学校はあまり多くせず、集中的に受け入れることとしているという。また、定員内不合格については、原則として生じさせないというのが大阪府の公立高等学校入学者選抜における基本的な姿勢とのことであった。なお、学力検査は、数学、英語、作文の３教科で、検査問題はルビ付き、作文については、題意の理解を支援するためキーワードとなる語について外国語を併記することに加え、日本語以外の言語の使用を認めている。さらに、受験者の希望で、英語以外の辞書（２冊まで）の持込みも可能である等、様々な配慮がなされている。

5　大学での進路保障に向けて

外国人生徒の進路保障は、従来、高校進学のレベルで留まってきた。しかし、ＨＡＮＤＳや関連する研究を通じて、外国人生徒を積極的に受け入れ育成することが、国立大学の大きな社会的役割として求められているとの認識を強めた。

国際学部に入学してくる外国人生徒の大半は、これまで推薦入試や編入学試験を通じて入学している。この点に関して、指導学生が卒業論文で取り組んだ調査結果を紹介しておこう。

調査対象者は10人で、国籍別内訳は、ペルー4、日本3、ブラジル・フィリピン・香港1であった。日本生まれは4人、小学校へ編入した者5人、中学校へ編入した者1人であった。10人のうち9人は、私立大学に通える経済的余裕がなかった。9人のうち8人は、経済的余裕がないため、奨学金制度や授業料免除制度、教育ローンなどの経済的制度を利用していた。高校進学では、8人が一般試験で受験・合格し、2人が特別枠と特別措置を利用して合格した。大学進学では、10人のうち、9人が推薦入試で受検・合格したが、推薦入試を受けた理由では、学力的に一般入試を受験することが難しかったとの回答が5人で最も多かった。推薦入試の試験中に自分のルーツをアピールした者が9人中7人いた。以上のデータも、外国人生徒がセンター試験を通じて国立大学に入学することには高いハードルがあることを示唆している。

外国人生徒の大学進学における進路保障の必要性は、近年になってようやく、関心が高まってきたと言える。2014年3月には、移住連（NPO法人移住者と連帯する全国ネットワーク）主催のシンポジウム「ニューカマーの大学進学―進学格差の是正に向けて」が開催された。15年2月には茨城大学で、「国立大学に移住者の子どもが進学できるような特別枠」について考えるシンポジウム「大学の多様性をグローバルにローカルに考える」（宇都宮大学国際学部も共催）が開催された。大学における外国人生徒のための特別入試を構想するうえで、最も参考になったのは、「受け入れて育てる」との精神に基づいた神奈川県の在県外国人等特別募集である。

出願資格と定員

国際学部では外国人生徒入試の実現に向けて協議を重ね、2015年2月に文部科学省に相談に伺った。幸いなことに好意的な評価が得られ、1回の相談で基本的な方向性と内容が認められ、具体的な準備を進めるに至った。

日本の高校と外国人学校に在籍する生徒両方を対象に出願資格について検討を重ねた。関係者から様々な意見が出され、結論を出すことは簡単ではなかった。現段階では以下の内容（2016年度入試）としたが、状況を見ながら見直しを図ることが必要になるかもしれない。

日本に在留する外国人（「出入国管理及び難民認定法」の第二条の二に規定する別表第二に定める在留資格を有する者）で、日本語能力試験N1を取得していること、および実用英語技能検定準2級以上かTOEICスコア450点以上を取得しており、次の（イ）又は（ロ）のいずれかに該当し2016年3月31日までに18歳に達する者。

(イ)日本国内の小学校4年以上の学年に編入学した者又は日本での就学歴が9年以内の者で、高等学校もしくは中等教育学校を卒業した者および2016年3月に卒業見込の者。

（ロ）文部科学大臣が日本の高等学校相当として指定している外国人学校（文部科学省「我が国において、高等学校相当として指定した外国人学校」）を修了した者および2016年3月に修了見込の者（12年未満の課程の場合には、さらに指定された準備教育課程（文部科学大臣指定準備教育課程）を修了する必要がある）。

日本の高校卒業者には、「小学校４年以上の学年に編入した者又は日本での就学歴通算９年以内」という条件を課した。この条件は、高校入試に関する特別措置や特別枠で多くの都道府県が課している「３年以内」の条件が定住化が進む外国人生徒の特別措置・特別枠の利用を妨げていることを踏まえて判断したものである。外国人学校の修了者に対しては、就学歴や滞在年数に関して条件は課さなかった。

選抜は、出願書類の他、小論文と面接を総合して行う。宇都宮大学では２０１６年度に新学部「地域デザイン科学部」が設置されたことで、国際学部の定員はこれまでの１００人から90人となった。「外国人生徒入試」では、当初は数人の「特別枠」の設置も視野に入れたが、学部定員の減少、他の入試枠の定員への影響などを踏まえ、状況をみながら検討を続けることとし、募集定員は両学科（国際社会学科と国際文化学科。なお国際学部は２０１７年４月より国際学科１学科に改組）とも「若干名」とした。

入学後の環境整備

ＨＡＮＤＳの事業と関連する研究には、国際学部と教育学部の約10名の教員が関わってきた。ＨＡＮＤＳは対象を栃木県から茨城・群馬県に拡げ、北関東の関係者とのネットワークを強化してきた。このような実績を踏まえて、宇都宮大学では、外国人学生への学習指導・支援を効果的に行える教育環境が他大学よりも整っていると思われる。外国人生徒入試の開始により、複数の言語力と異文化理解能力を駆使してグローバルに活躍する人材および日本文化を世界に発信するとともに世界の文化交流に貢献できる人材の育成を目指す。

外国人生徒入試は、日本語能力試験N１取得者を対象とするため、日本語理解、表現に関する一定の能力を有する者となるが、入学後には、教育全般、日本語教育、生活面で他の学生とは異なる支援をしていくことが必要となることが予想されるため、この面での環境改善を多面的に図っていきたいと考えている。なお、外国人生徒の受け入れは、ダイバーシティへの適応力を醸成する学習環境の充実という点で、日本人学生の教育にとっても極めて有益と言える。

6　Small is Beautiful の精神を活かして

２０１６年度入試で初めて実施した外国人生徒入試では、２人の合格者を出すことが出来た。本入試に関する発表から出願までの時間が限られているなかで、ＮＩ取得や一定の英語力に関する資格要件が受検の壁になったかもしれない。今後、本入試での受検を目標として、日本能力試験や英語試験に対する学生たちの意欲が向上することを期待する。

今年度入学した1人は、中国から神奈川県の中学校に編入し、神奈川県の在県外国人等特別募集によって横浜の市立高校に入学した。そして、本入試を通じて、国際学部に入学した。高校進学・大学進学での進路保障を上手く活用した結果の進学で、まさに私たちが思い描いていた学生像に合致する。

外国人生徒入試の実施が確定的になった際、高等学校の進路指導の教員や外国人学校の関係者から「朗報」とか「画期的」という言葉をいただいた。「若干名」の募集であり、その意味ではささやかな試みではあるが、徐々に関心を持たれつつあることも確かである。移民問題、開発教育、人権問題に取り組む関係者から声をかけていただき『Migrants Network』(No.179、May 2015)、『DEAR』(Development Education Association and Resource Center Vol.175、Feb 2016)、『外国人・民族的マイノリティ人権白書2016』(2016年4月)に寄稿させていただいた。2016年3月の神奈川県かながわ会議(第9期)の提言素案では、県内の大学入試における条件緩和に関する「施策化の提案」として、「県内の大学入試において、外国人生徒募集を設ける。その際、すでにある留学生と同等の試験とする」ことが提案された。その際、理由として、「…大学の評価基準に、留学生ではない外国人学生の比率を加えることは効果的ではないか。とくに、地域の大学は、地域で必要とされることが存在意義として大きく、その意味でも外国人が多い神奈川県で、外国人枠を特色として打ち出すことが地域と大学の協働の１つではないかと考える。なお、これに似た取り組みは宇都宮大学で平成28年度学生募集が実施されている」と本入試が紹介されている。

２０１６年の夏は、愛知県と群馬県で開催された外国人学校の大学説明会で外国人生徒入試について説明する機会があった。愛知県で開催された説明会で日本の大学が説明することはこれまでなかったという。２０１６年10月の日本社会学会の移民第二世代に関するテーマセッションで本入試について報告した際には、国立大学初めての試みとして注目された。

私は、国際学部の教育理念や特徴を語るときに、時々、シューマッハが語ったSmall is Beautifulを引き合いに出す。小さいことは非力ではなく、小さいながらもまとまって上手く力を出し合うことで大きな力を発揮することが出来る。国際系の学部としてどのような独自色を出していけるのか、今後も追及していきたい。

参考文献

第1章

・芥川龍之介「父」『芥川龍之介全集　第一巻』岩波書店、1995年。
・青木秀男『寄せ場労働者の生と死』明石書店、1989年。
・青木秀男編著『場所をあけろ！寄せ場／ホームレスの社会学』松籟社、1999年。
・井上俊『死にがいの喪失』筑摩書房、1973年。
・木原憲一『父親の研究』新潮選書、1999年。
・笹川巌『怠け者の思想―八〇年代の行動原理』PHP研究所、1979年。
・田巻松雄「外国人労働者と都市下層―戦前期名古屋をめぐって」日本寄せ場学会秋季シンポジウム報告『ニッポン人と労働―移民・出稼ぎ・寄せ場』1993年。
・田巻松雄「寄せ場のポジティブ性とは何か」『寄せ場』第11号、1998年5月。
・田巻松雄「野宿者の増大と日本社会の変化―製造業労働市場のグローバル化との関連を軸に」『寄せ場』第16号、2003年5月。
・野本三吉『生きる場からの発想』社会評論社、2001年。

・花崎皋平『アイデンティティーと共生の哲学』筑摩書房、1993年。
・藤井克彦・田巻松雄『偏見から共生へ―名古屋発・ホームレス問題を考える』風媒社、2003年。
・水野阿修羅『その日暮らしはパラダイス』ビレッジブックス、1997年。
・ブロニスワフ・ゲレメク『憐れみと縛り首―ヨーロッパ史のなかの貧民』早坂真理訳、平凡社、1993年。
・ベルント・レック『歴史のなかのアウトサイダー』中谷博幸・山中淑江訳、昭和堂、2001年。
・ライト・ミルズ『社会学的想像力』鈴木広訳、紀伊國屋書店、1965年。

第2章

・青木秀男『寄せ場労働者の生と死』明石書店、1989年。
・石田雄『「周辺」からの思考』田畑書店、1981年。
・加藤晴康「馴致と周辺化―近代社会の形成と労働」、『日本人と労働―移民・出稼ぎ・寄せ場』日本寄せ場学会秋季シンポジウム、1993年。
・笹川巌『怠け者の思想―八〇年代の行動原理』PHP研究所、1979年。
・〈笹島〉の現状を明らかにする会『名古屋〈笹島〉野宿者聞き取り報告書』1995年。
・〈笹島〉の問題を考える会『〈笹島〉問題をめぐる現状と政策提言』1998年。

雑賀恵子「有用な身体への配慮をめぐって—一九三〇年代新生活運動を中心に」『寄せ場』第6号、1993年。
・中根光敏「『野宿者』襲撃と『寄せ場』差別」中根光敏『「寄せ場」をめぐる差別の構造（広島修道大学研究叢書第七五号）』広島修道大学研究所、1993年。
中根光敏、「差別問題の社会学理論は可能か」八木正編『被差別世界と社会学』を読む」『寄せ場』第10号、1997年。
・西澤晃彦『隠蔽された外部』彩流社、1995年。
・野本三吉『風の自叙伝—横浜・寿町の日雇労働者たち（野本三吉ノンフィクション）』新宿書房、1996年。
・田巻松雄「権力と都市下層：寄せ場笹島に関わる行政施策の変容」八木正編『被差別世界と社会学』明石書店、1996年。
・花崎皋平『アイデンティティーと共生の哲学』筑摩書房、1993年。
・平井正治『無縁声声—日本資本主義残酷史』藤原書店、1997年。
・平川茂「寄せ場差別の実態」釜ケ崎資料センター編『釜ケ崎　歴史と現在』三一書房、1993年。
・水野阿修羅『その日暮らしはパラダイス』（ビレッジプレス）、1997年。
・矢澤修次郎「世界システムと社会運動」、奥山眞知・田巻松雄編著『二〇世紀末の諸相—資本・

国家・民族と「国際化」』八千代出版、1993年。
・山崎カヲル・小倉利丸「寄せ場と〈労働〉概念の再検討」『寄せ場』第二号、1989年。

第3章

・釜ヶ崎キリスト教協友会編『釜ヶ崎の風』1991年。
・ジョン・フリードマン『市民・政府・NGO 「力の剥奪」からエンパワーメントへ』新評論、1996年。
・田巻松雄「社会的『底辺層』とわれわれとの関係についての一考察―野宿者に対する『差別』と『支援』を中心にして」『名古屋商科大学論集』、第39巻第2号、1995年。
・花崎皋平『アイデンティティーと共生の哲学』筑摩書房、1993年。

第4章

・青木秀男『現代日本の都市下層　寄せ場と野宿者と外国人労働者』明石書店、2000年。
・アジット・S・ハラ/フレデリック・ラペール『グローバル化と社会的排除　貧困と社会問題への新しいアプローチ』福原宏幸/中村健吾監訳、昭和堂、2005年。
・厚生労働省『ホームレスの実態に関する全国調査報告書』2003年3月。

・厚生労働省『ホームレスの実態に関する全国調査報告書』2007年4月。
・田巻松雄「野宿者の増大と日本社会の変化」『寄せ場』16号、2003年5月。
・田巻松雄「寄せ場と行政―笹島を主な事例として」青木秀男編著『場所をあけろ！　寄せ場／ホームレスの社会学』松籟社、1998年。
・田巻松雄「東京都自立支援事業の何が問題か」『Shelter-less』No.15、2002年。
・デヴィッド・ハーヴェイ『新自由主義　その歴史的展開と現在』［監訳］渡辺治、［翻訳］森田成也・木下ちがや・大屋定晴・中村好孝、作品社、2007年。
・なすび「新自由主義体制下で解体される寄せ場と日雇労働者対策」『寄せ場』第12号、2008年6月。
・西澤晃彦『隠蔽された外部―都市下層のエスノグラフィー』彩流社、1995年。

第5章

・『国境なき医師団：貫戸朋子』KTC中央出版、2000年。
・田巻松雄「日本の災害関連ODA（政府開発援助）を考える―フィリピン・ピナトゥボ火山噴火災害を通して―」『宇都宮大学国際学部研究論集』第2号、1996年2月。
・津田守「フィリピンの自然災害と外国援助についての検証：ピナトゥボ火山および泥流被害へ

の日本の対応を中心に」文科省科学研究費補助金重点領域研究『総合的地域研究』成果報告書シリーズ：No.21、1996年9月。
・津田守・田巻松雄「対比経済協力評価」外務省経済協力局『経済協力評価報告書』1995年7月。
・津田守・田巻松雄編著『自然災害と国際協力―フィリピン・ピナトゥボ大噴火と日本』新評論、2001年。
・「ピナツボ火山災害対策調査団報告―在MNL日本大使館、JICA担当者報告〔1992〕1月8日要旨」（未刊行JICAマニラ事務所資料：「ピナツボ関連、我が国の対応」ファイルより）。
・「ピナツボ火山災害対策調査団報告、JICA本部報告会資料」1992年1月17日（未刊行JICAマニラ事務所資料：「ピナツボ関連、我が国の対応」ファイルより）。
・「ピナツボ火山災害対策、プロジェクト調査団発掘案件検討会会議議事録」1992年3月31日（未刊行JICAマニラ事務所資料：「ピナツボ関連、我が国の対応」ファイルより）。

第6章

・青野豊作『夕張市長まちおこし奮戦記　超過疎化からの脱出作戦』PHP、1987年。

・赤石昭三『私記　夕張新炭鉱の大事故―私家版』１９９８年。
・小川弓夫・田畑智博・後藤篤志『地底の葬列　北炭夕張五六・一〇・一六』桐原書店、１９８３年。
・葛岡章『夕張に生きて　仲間の笑いと怒りと　失対事業と全日自労夕張支部の物語』２００６年。
・斉藤信義『夕張市財政再建問題の歴史的構造的背景を考える』日本共産党夕張市委員会財政再建問題現地対策本部、２００７年１月。
・（座談会）「ヤマ（炭鉱）に生きて　そしてこれからも」（北炭と三菱の元炭鉱マンによる座談会）『夕張学』第３号、２００７年10月。
・田巻松雄「炭鉱下請労働者について（一）」『夕張学』第２号、２００６年10月。
・田巻松雄「夕張財政破綻問題を考えるために」『夕張学』第３号、２００７年10月。
・田巻松雄「閉山跡処理問題に関するノート」『夕張学』第４号、２００８年11月。
・日本経済新聞社編『地方崩壊　再生の道はあるか』２００７年。
・橋本行史『自治体破たん「夕張ショック」の本質　財政論・組織論からみた破たんの回避策』公人の友社、２００６年。
・保母武彦・河合博司・佐々木忠・平岡和久『夕張　破綻と再生―財政危機から地域を再建するために』自治体研究社、２００７年。

・三好宏一「北海道石炭産業の崩壊と再編」『労働運動の道しるべ―三好宏一先生論文集』2005年。
・読売新聞北海道支社夕張支局編著『限界自治　夕張検証』2008年。
・矢野牧夫「検証・夕張『石炭の歴史村』」『夕張学』第4号、2008年11月。
・夕張市教育委員会『わたしたちの夕張』1959年。
・『解散記念誌　新鉱』夕張新炭鉱労働組合、1984年。
・『北炭夕張新炭鉱　離職者対策の記録』夕張公共職業安定所、1986年3月。
・『炭鉱離職者　再就職の道しるべ』北海道労働部公共職業安定所、1970年9月。
・『産炭地域就業実態調査報告』北海道労働部、1978年3月。
・「夕張よ　北炭新鉱ガス突出　二五年の歳月　〈一〉風化　〈二〉使命　〈三〉障壁　〈四〉後遺症　〈五〉城下町　〈六〉暗転　〈七〉撤退　〈八〉明日」北海道新聞、2006年10月17日～10月24日。
・「参議院議員紙智子君外一名提出夕張市の『財政再建計画』等に関する質問に対する答弁書」(内閣参質一六六第七号、平成一九年二月二七日)。
・『第九回　地方分権改革推進委員会～夕張市に関する審議』地方分権改革推進委員会会議室、2007年6月15日。

第7章

・植田晃次・山下仁『「共生」の内実　批判的社会言語学からの問いかけ』三元社、2006年。
・梶田孝道・丹野清人・樋口直人『顔の見えない定住化』名古屋大学出版会、2005年。
・国土交通省『北関東における多文化共生の地域づくりに向けて』2007年3月。
・鈴木理恵子「選別化が進む外国人労働者─非正規滞在者の排除と合法滞在者の管理強化」渡戸一郎・鈴木恵理子・APFS編著『在留特別許可と日本の移民政策─「移民選別」時代の到来』明石書店、2007年。
・総務省『多文化共生の推進に関する研究会報告書─地域における多文化共生の推進に向けて』2006年3月。
・田巻松雄「アジアにおける非正規滞在外国人をめぐる現状と課題─日本、韓国、台湾を中心に─」(『アジア・グローバル都市における都市下層社会変容の国際比較研究』平成17～19年度科学研究費補助金基盤研究（B）研究成果報告書（課題番号16330094）、研究代表者　田巻松雄）、2009年3月。
・田巻松雄『地域のグローバル化にどのように向き合うか - 外国人児童生徒教育問題を中心に─』下野新聞社、2014年。
・田巻松雄／スエヨシ・アナ編『越境するペルー人─外国人労働者、日本で成長した若者、「帰国した」子どもたち―』下野新聞社、2015年。
・鄭雅英「韓国の在外同胞移住労働者―中国朝鮮族労働者の受入れ過程と現状分析―」(『立命館国際地域研究』第26号、2008年2月)。
・鄭信哲「中国朝鮮族社会の現状と未来―移動に伴う影響と役割」中国朝鮮族研究会編『朝鮮族のグローバルな移動と国際ネットワーク「アジア人」としてのアイデンティティを求めて』アジア経済文化研究所、2006年。

第8章

・植田晃次「『ことばの魔術』の落とし穴―消費される『共生』」植田晃次・山下仁『「共生」の内実 批判的社会言語学からの問いかけ』三元社、2006年。
・苅谷剛史『学校って何だろう 教育の社会学入門』ちくま文庫、2000年。
・「クロスロードインタビュー 中島義道」『クロスロード』2006年11月。
・『北関東圏における多文化共生の地域づくりに向けて』国土交通省国土計画局、平成18年度国土施策創発調査、北関東圏の産業維持に向けた企業・自治体連携による多文化共生づくり調査報告書』2007年3月。

・斉藤純一『公共性』岩波書店、２０００年。
・斉藤純一編著『福祉国家／社会的連帯の理由』ミネルヴァ書房、２００４年。
・戴エイカ「『多文化共生』と『日本人』―『文化』と『共生』の再検証」『異文化間教育』第22号、２００５年。
・『栃木県における外国人児童生徒教育の明日を考える』(平成19年度宇都宮大学特定推進研究研究代表者　田巻松雄) 宇都宮大学、２００８年３月。
・野元弘幸「外国人の子どもたちの排除の構造と対抗的教育実践の原理―日系ブラジル人の子どもたちとブラジル人学校を中心に―」日本社会教育学会編『社会的排除と社会教育』２００６年。
・野呂香代子「机上の理論を越えるために」植田晃次・山下仁『「共生」の内実　批判的社会言語学からの問いかけ』三元社、２００６年。
・ハンナ・アレント『人間の条件』ちくま学芸文庫、２００７年。
・田巻松雄「東京都自立支援事業の何が問題か」『Shelter-less』No.15、２００２年。
・藤井克彦・田巻松雄『偏見から共生へ―名古屋発ホームレス問題を考える』風媒社、２００５年
・田巻松雄「東・東南アジアにおける非合法移民」『社会学評論』第56巻第２号、２００５年。
・デーヴィッド・レヴィンソン編集代表、駒井洋監修、田巻松雄監訳者代表『世界ホームレス百

科事典』明石書店、2007年。
・野平慎二「教育的公共性の再生に向けて―H・アーレントとJ・ハーバーマスの社会哲学的議論にもとづく一考察」『琉球大学教育学部紀要』第54週。
・花崎皋平『〈共生〉への触発』みすず書房、2002年。
・宮島喬『多文化であることとは』岩波現代全書、2014年。
・三重野卓編『共生社会の理念と実際』東信堂、2008年。
・リリアン・テルミ・ハタノ「在日ブラジル人を取り巻く『多文化共生』の諸問題」植田晃次・山下仁『「共生」の内実　批判的社会言語学からの問いかけ』三元社、2006年。

第9章

・太田晴雄『ニューカマーの子どもと日本の学校』国際書院、2000年。
・月刊『イオ』編集部『日本の中の外国人学校』明石書店、2006年。
・鍛治到「大阪府におけるニューカマーと高校入試」志水宏吉編著『高校を生きるニューカマー』明石書店、2008年。
・小島祥美『2011年度　外国人生徒と高校にかかわる実態調査報告書（全国の都道府県・政令都市の教育委員会＋岐阜県の公立高校から）』科学研究費補助金（若手研究B）課題番号

22730673「ヒューマン・グローバリゼーションにおける教育環境整備と支援体制の構築に関する研究」研究代表者小島祥美。
・佐久間孝正『外国人の子どもの不就学』勁草書房、2006年。
・志水宏吉・清水睦美編『ニューカマーと教育』明石書店、2001年。
・志水宏吉編著『高校を生きるニューカマー』明石書店、2008年。
・清水睦美『ニューカマーの子どもたち』勁草書房、2006年。
・田巻松雄「外国人生徒の高校進学問題―入試配慮に焦点を当てて」『理論と動態』第五号、2012年10月
・樋口直人「平等な教育機会とは何か――外国人の子どもの教育に求められるもの」『21世紀兵庫の学校デザイン』兵庫県在日外国人教育研究協議会、2002年。
・広崎純子「進路多様校における中国系ニューカマー生徒の進路意識と進路選択――支援活動の取組みを通じての変容過程」『教育社会学研究』80：pp・227－45、2007年。
・平成16・17年度宇都宮大学重点推進研究編（研究代表 田巻松雄）『外国人児童生徒の教育環 境をめぐる問題――栃木県内の現状と課題 資料編』2006年。
・平成19年度宇都宮大学特定重点推進研究編（研究代表 田巻松雄）『栃木県における外国人児童生徒教育の明日を考える』、2009年。

・平成20年度宇都宮大学特定重点推進研究編『栃木県外国人児童生徒在籍校調査報告・資料集』２００９年。
・宮島喬・太田晴雄編『外国人の子どもと日本の教育』東京大学出版会、２００５年。

第10章

・宇都宮大学国際学部編『世界を見るための38講』下野新聞新書、２０１４年。
・木村友美「外国にルーツのある人たちの大学進学─宇都宮大学10名へのインタビュー調査をもとに─」宇都宮大学国際学部２０１３年度卒業論文。
・田巻松雄『地域のグローバル化にどのように向きあうか─外国人児童生徒教育問題を中心に─』下野新聞社、２０１４年。
・田巻松雄／アナ・スエヨシ編『越境するペルー人─外国人労働者、日本で成長した若者、「帰国」した子どもたち』下野新聞社、２０１５年。
・吉田美穂「外国につながる生徒の高校進学問題と高校入学後の支援」（宇都宮大学「外国につながる子どもフォーラム２０１４」での講演（『岐路に立つ日本と世界』平成26年度科学研究費補助金報告書、研究代表者　田巻松雄）２０１５年３月。

初出一覧

第一章「問題意識の希薄さと自分の原点を振り返る―フィリピンからホームレス・寄せ場へ―」（99―119頁）大谷信介編『問題意識と社会学研究』ミネルヴァ書房、2004年。

第二章「寄せ場を基点とする社会学の射程―『中央』と『周辺』および『勤勉』と『怠け』をキーワードにして」（47―70頁）青木秀男編著『場所をあけろ!寄せ場／ホームレスの社会学』松籟社、1998年。

第三章「支援と差別意識についての自己反省的ノート」（214―232頁）藤井克彦・田巻松雄『偏見から共生へ　名古屋発ホームレス問題を考える』風媒社、2003年。

第四章 "The Problem of Homelessness in Japan," *Collective Action: Selected Cases on Asia and Latin America*; Edited by Emma Mendoza Martinez, UNIVERSIDAD DE COLIMA/UTSUNOMIYA UNIVERSITY, 2011。

第五章「ピナトゥボ災害に見る日本の国際協力の特徴・貢献性・問題性」（230―258頁）津田守・田巻松雄編著『自然災害と国際協力　フィリピン・ピナトゥボ大噴火災害と日本』新評論、2001年。

第六章　「旧産炭地夕張の特殊性―石炭産業の斜陽化から財政破綻までの経過と背景」（13－34頁）田巻松雄編（夕張の歴史と文化を学ぶ会協力）『夕張は何を語るか　夕張の歴史と人々の暮らし』吉田書店、２０１３年。

第七章　「日本の外国人労働者政策―韓国との比較を通して―」（２３０－２４６頁）松下冽／藤田憲編著『グローバル・サウスとは何か』ミネルヴァ書房、２０１６年。

第八章　「多文化共生と共生に関するノート」『宇都宮大学国際学部研究論集』第26号、２００８年10月。

第九章　「外国人生徒の進学状況」（69－95頁）田巻松雄（協力ＨＡＮＤＳプロジェクト）『地域のグローバル化にどのように向き合うかー外国人児童生徒教育問題を中心にー』下野新聞社、２０１４年。「栃木県における外国人生徒の進路状況―６回目の調査結果報告」（船山千恵と共著、13－20頁）『宇都宮大学国際学部研究論集』第42号、２０１６年９月。

第十章　書き下ろし

3つの出来事

まず、2016年の出来事を3つ書いておきたい。

1つは、夜間中学に関することである。宇都宮大学国際学部が2016年から開始した「外国人生徒入試」の紹介文(「外国人生徒の大学進学」)を寄稿させていただいたこともあり、『日本における外国人・民族的マイノリティ白書2016』(外国人人権法連絡会)をゼミで読んだのだが、「夜間中学等義務教育の拡充を求める動き」という記事が妙に気になった。夜間中学とは、何らかの事情で義務教育課程を修了できなかった人たちが学び直す学校であり、1947年に大阪市内の中学校で実践されたのが最初という。以来、70年の歴史を持ち、2014年度末では、全国の夜間中学数31校、そこで学ぶ生徒は約1,800人である。年齢も国籍も多様な人たちが学んでいるが、近年は、外国につながる生徒の増加が顕著とのことである。そして、近年、夜間中学を含む義務教育拡充の動きがみられる。文科省は2014年4月に「中学校夜間中学等に関する実態調査結果」を公表するとともに、現在、「一都道府県一校」の方針を打ち出している。

数年前の卒業論文で部分的に夜間中学を取り上げたものがあったこともあり、その存在は知っていたが、その後特に関心が向いたわけではなかった。「外国につながる生徒の増加」が最初に気になったところだが、少し調べてみると、戦後の混乱期に学校に通えなかった学齢超過者、在日韓国・朝鮮人、日雇労働者、中国からの帰国者、ニューカマー外国人、不登校を経験した形式卒業者などに教育機会を提供してきた学校であることが分かる。とにかくもっと知りたいという気になり、千葉県松戸市で開催された研究集会に参加した。そして、夜間中学を卒論のテーマと決めた学生と一緒に、神戸市の夜間中学を訪問するとともに、20年近く夜間中学に勤務していた元教員からお話を聞かせていただくなどした。これらの活動を通して見聞したことは、正直、ほとんど知らないことばかりであった。

次に、多文化共生センター東京を訪問する機会があった。昨年度大学院を修了した学生がフィールドワークを実施させてもらったところである。当センターは2001年に発足し、2014年にNPO法人を取得している。現在、自分が研究代表者を務める研究グループで中国にルーツを持つ若者の日本における進路選択とキャリア形成に関する調査を計画しているが、当センターには中国ルーツの若者が多く学ぶということを聞き、調査への協力依頼もあり訪問させていただいたものである。

「来日した子どもの公的な学びの場」の現状について、当センターは以下のようにまとめている。

15歳までの学齢期に来日した子どもは、日本の公立小学校や中学校で学ぶことが出来る。15歳以上の学齢超過者の場合、学校教育９年の課程未修了者については、夜間中学への編入が可能である（全国に31校しかなく東京や神奈川、神戸など大都市に集中しているため学びたくても学べない子どもが多くいる事実はあるにしても）。それに対して、学校教育９年の課程を修了した母国既卒性で学齢超過者の場合、原則、日本での公的な学びの場はない。母国で中学校を卒業しているので日本の（いわゆる普通の昼間の）中学校でも夜間中学でも受け入れてもらえない。かれらは、在籍校がないため、教育データにカウントされない。そして、学校教育の狭間に置かれている為、行政機関に担当部署もない。そのような現実があるなかで、当センターは、主に学齢を越えて来日し、日本での高校進学を目指している子どもたちのために日本語や教科が勉強できる学びの場を提供している。２０１５年３月現在で卒業生は４５０人を越え、その時点で20の国籍から来日した約60名の子どもたちが学んでいる。

日本の学校に行きたいのに行けない子どもたちが存在する。日本語の読み書きが出来ず、学歴も中学のまま社会に出れば、将来経済的に困窮することは目に見えている。このような子どもたちを学ぶ場につなげることが急務、との認識が当センターの活動を支えていると言えるであろう。外国人児童生徒教育というと、日本の学校や外国人学校で学ぶ子どもたちの姿を思い描いていた。しかし実際には、夜間中学や多文化共生センター東京のような「見えにくい」場で学んでいる子どもたちがおり、そこでかれらの学びを支援している教員・スタッフ・ボランティアなどがいる。見えていない、知らないことがまだまだ多くある。

さて、もう1つは、ほぼ毎年年末に参加している名古屋での「越冬活動」で改めて感じたことである。名古屋での越冬活動は、2016年冬で42回目を迎える。自分が関わり始めた頃の名古屋での越冬（1990年代前半）は、文字通り、路上で生活するホームレスの人々が、仕事もなく、福祉事務所も休みとなり、飯場も閉じられる年末年始の厳しい冬を乗り越えられるように、ホームレスと支援者らが協働して作り上げる闘いの場であった。当時、活動の拠点だった名古屋駅に近い西柳（通称オケラ）公園には昼夜を問わず数百人が集い、炊き出し、共同炊事、医療・生活相談、夜回りなどの活動が行われていた。そして、名古屋市が年末年始対策として開放する船見寮（無料宿泊所）にも数百人の利用者が入所して年を越していた。

現在、越冬の光景は大きく様変わりしている。決定的なことは、拠点の公園に集う人も船見寮に入所する人も非常に少なくなってしまったことである。今回の活動の拠点は名古屋市役所に近い大津橋小公園であったが、最も人が多く集まる夜の炊き出しの時でも100人はいなかった。昼間は数十人の規模である。船見寮入所者も100人に満たない。近年、アウトリーチ（Outreach、手を伸ばす）の精神で路上訪問・アパート訪問が越冬活動に加えられており、自分は数時間の路上訪問に参加するが、そこでも出会うホームレスは平均10人程度である。支援やボランティアの気持ちで越冬に参加しても、手持無沙汰で何をしてよいか分からないことも少なくない。

路上でのホームレスあるいは目に見えるホームレスが減少したことは間違いない。この大きな背景として、無料低額宿泊所の存在がある。無料低額宿泊所とは、社会福祉法に規定されている届け出制の社会福祉事業の一種で、国は生活困窮者が自立するまでの一時的な起居の場と定めている。国の調査によると、2015年時点で全国に537施設あり、入所者1万5,600人のうち生活保護受給者が約9割を占める。名古屋市の把握では、2016年1月現在市内の（路上の）ホームレス数は211人であるのに対し、2016年度の無料低額宿泊所の入所者数は362人であった。またこのほか、2016年6月現在、法的裏付けのない施設は60施設あり、そこで生活保護を受給している人が約1,500人いた。名古屋市の場合、無料低額宿泊所の入所者数は路上のホームレス数の実に約8倍に及ぶ。

無料低額宿泊者は、定まった住居を持たない点で広義のホームレスである。そして、無料低額宿泊所には貧困ビジネス業者の関与が問題視されている。貧困ビジネスとは、経済的に困窮した社会的弱者を顧客として利益を上げる事業行為を指す。大半の宿泊所では保護費の7〜8割が宿泊料や食費などとして徴収されているという。越冬の最中、12月30日付の毎日新聞（中日版）では、無料低額宿泊者の滞在が長期化していること、東京と千葉の宿泊所だけで年間150人が死亡退所していることが報じられた。ホームレスは全体として減少しているとは必ずしも言えず、むしろその多くは無料低額宿泊所に「囲い込まれている」。路上だけを見ていても、ホームレス問題はますます見えなくなっている。

以上のことを通じて、見えにくい世界や見えにくくなっている問題に切りこんでいく必要性を改めて強く感じた。

学部長としての4年間

2013年4月に国際学部長になり、間もなく4年の任期が終わろうとしている。最初の選挙では事実上立候補宣言をして学部長になり、2年後の選挙では多くの人が再任を支持してくれた。これまでの国際学部長は任期終了と退官が重なっていた。自分の場合、あと数年残している。評議員・学部長という立場で7年間いろいろ経験させてもらったことを、今後どのように活かせるのか、考えて行きたい。

ミッション再定義と改組の準備には相当な時間とエネルギーを注いだ。ミッション再定義では、国際系の学部や学科が増加するなかで、国際学部らしいミッションの定義が問われた。学部の教育・研究・社会貢献全般について理解していなければ、文部科学省との質疑にたちまち窮する。要求される膨大なデータを収集し、これまでの成果と課題を整理する作業が続いた。

最終的には、強みや特色、社会的な役割りとして、「国内外の様々な地域のグローバル化に関する課題解決に貢献するための学際的な学問分野の教育研究を通じて、英語のほか第二外国語の能力を養成するとともに、責任感・使命感、主体性及び課題発見能力等の社会人基礎力、異文化理解や国際問題に対する洞察力や国際的実践力を有する人材を養成する」、今後の課題としては、「外国語教育の充実を図るなど、卒業時に必要とされる資質や語学力などの能力を可視化しつつ、国際キャリア教育も含めた体系的な教育課程を編成するとともに、学生の能動的学修を促す教育の実施や組織的な教育体制等により、国際社会及び地域社会の多文化共生に関する学際的研究を一層推し進めることを通じて、学士課程教育の質的転換に取り組む」とまとめた。換言すれば、「多文化共生」に関する学際的研究の一層の推進と世界的な社会的・文化的課題解決に取り組むことが出来る21世紀型グローバル人材（グローカル人材）の育成に一層貢献することを使命と位置付けたこととなる。そして、「グローバルな実践力」を持って世界の様々な分野で活躍出来る人材育成を一層強化することを目的に、現行の２学科（国際社会学科と国際文化学科）を国際学科１学科に統合・再編する改組の準備を進めた。改組に関する文科省とのヒアリングは７回に及んだが、何とか２０１７年４月からの改組が認められた。国際学部附属多文化公共圏センターの年報９号では、教員による座談会「生まれ変わる国際学部」が特集されているので、是非ご覧いただきたい。

就任２年目の２０１４年度は、学部設置20周年に当たったため、記念事業をいくつか行った。

その中心は、『世界を見るための38講』（下野新聞新書）の出版である。この本は、田口卓臣・松尾昌樹・松村史紀の３人が中心にまとめたが、国際学部の「多様な学び」と「面白さ」を余すところなく伝える内容になっていると思う。是非、手に取ってじっくりと読んでいただきたい。学部と研究科の歩みを視覚的に分かりやすくまとめた資料集『国際学部20年・国際学研究科15年の歩み』も同時に刊行した。この資料集は、田巻と野澤侍子（国際学部事務長、当時）が編集者として、船山千恵（ＨＡＮＤＳプロジェクトコーディネーター、当時）、匂坂宏枝（福島乳幼児・妊産婦支援プロジェクト研究支援者、当時）、山口陽子（国際キャリア開発プログラムコーディネーター）、小堀朋彦（国際学部総務係長、当時）、芳賀陽子（国際学部附属多文化公共圏センター事務補佐員、当時）の協力を得てまとめたものである（本資料集は国際学部ＨＰからダウンロード出来る）。自分自身、国際学部の歩みを知る良い機会となった。２０１４年秋に開催した第３回目のホームカミングデーでは、北島滋・藤田和子・鯨井佑士歴代学部長を始め、多くの関係者から学部への熱いエールをいただいた。

このほか、在任中に、２人の外国人講師の専任教員への切り替え、４人の昇任、国際学叢書刊行、優秀卒業論文・修士論文表彰制度発足、宇都宮大学国際学部・茨城大学人文学部・福島大学行政政策学類間での学術交流協定締結、国際キャリア合宿での４年連続の基調講義等を行った。年１回開催される地域系大学・学部連絡協議会と国立大学新構想学部教育・研究フォーラムにも毎回欠かさず参加した。学生たちの若いエネルギーと斬新な考え方に接していたかったので、授業・ゼミなどは減らさなかった。

学部長になる前に、内山雅夫前学部長から言われていたことのなかで2つのことが印象に残っている。1つは、科研A（文部科学省科学研究費補助金基盤研究（A））に挑戦してほしいと言われていたことである。その際、学部内の教員を中心にまとめるような研究組織では採択されることは難しいので、全国的な研究組織を編成したほうが良いと言うアドバイスを受けた。それまで科研は幸いにも10数年ほぼ途切れなく続けることが出来ていたが、学部長1年目の秋は新たな計画を検討する時期で、正直一時迷った。Aに挑戦するべきか、Bにしておくか。教育・研究・地域貢献いずれの分野でも学部の組織的な取り組みが問われる傾向が一段と強くなっている中で、学部長自らが挑戦するべきとの考えに至り、思い切ってAで申請することとした。研究組織としては、学部の組織的な取り組みを強く打ち出すために、分担者の半分以上は学部の教員とした。研究題目は「将来の『下層』か『グローバル人材』か―外国人児童生徒の進路保障実現を目指して―」（研究期間5年間）であった。幸いだったのは、当時、大学院生の指導でなかなか十分な成果をあげられていなかった状況の中で、他の研究者からアドバイスをもらったり、その仕事ぶりをみる中で、理論的な枠組みの重要性を少し再認識していたことである。理論的な枠組みを意識して計画書を書き進めたが、自己評価としては、今までの科研計画書のなかで一番満足できる内容であった。この科研Ａは採択され、間もなく３年目が終わる。２年後のその次については、今はほとんど何も見えていない。この２年間の成果如何であろう。内山前学部長の叱咤激励ともいえるプレッシャーと学部長になったタイミングゆえの産物だったと思っている。

もう１つは、博士後期課程の論文指導は、指導教員が自ら執筆するくらいの覚悟がないと成功しないという指摘であった。当面、この指摘を忘れずに論文指導に当たっていきたい。というのは、正直、博士論文の指導において十分な成果を上げていないからである。これまで、博士号取得まで指導できたのは、金英花（現在、宇都宮大学基盤教育センター特任助教）さん１人である。現在、５人の博士後期課程の学生を有しており、相当に厳しい道のりがあると覚悟している。

様々な人と愛犬に支えられて

２０１６年12月19日未明、愛犬のトレーシーが逝ってしまった。その日は、早朝の韓国ソウル行きの飛行機を利用するために、前日の夜遅くに羽田空港に移動していた。本書の校正ゲラや資料等を読みながら朝を待っていた最中、４時くらいにメールが届き、こんな時間になんだろうと開けてみると、トレの訃報だった。トレは、１年半ほど前に癌が発覚、最近は癌の部位がすごく腫れてしまうとともに、身体のいくつかに大きな穴が空いてしまうような傷だらけの状態でほとんど歩けない状況だった。ただ、食欲もまあまあり、もうしばらくは大丈夫かなと思っていたし期待もしていた。その日は、夜の食事時にも何も食べなかったので出発直前におやつをあげたところ、トレは、なんとかおやつだけは食べ、その後コタツに潜り込んで寝た。

コタツのなかでおむつをしながら寝ていたトレの姿が最後に見た姿となった。15年くらい一緒に暮らしたのだろうか。人間にすれば相当の年齢のお婆ちゃんである。とにかく歩くのが嫌いな犬で、食欲は旺盛。もう一人の愛犬のフウタと一緒に餌を食べ始めるのだが、トレはあっという間に食べ終えて、フウタが食べている姿を観察、隙あらば餌を奪うという犬であった。虎視眈々と食べ物を狙う時の形相は鰐を連想させた…。また、自宅に客がくると長い間吠えまくっていた。何かの拍子に突然でかい声で吠えることもあり、びっくりさせられたことも何度かある。譲り受けた犬だが、何があったのか、最初に会ったころは人間嫌いだったのか、抱っこするとものすごく嫌がった。われわれ家族は時々声を揃えて「性格が悪い犬」ということもあったが、びっくりするくらい美しい顔をすることもあり、家族の一員として大いに可愛がってきた（つもりである）。そして、大いに癒された。

このタイミングでの死は全く予想していなかったが、年始を前にやや不安はあった。というのは、毎日傷口の消毒も含め、トレの面倒を事細かくみていたパートナーが数日間実家に帰ることになっていたので、年始は自分と次女がトレの面倒をみなければならず、傷口が大きくなったらどうしよう、急に容体が悪化したらどうしようと、その面での不安を感じていたのである。

トレは、そんな自分たちの気持ちを察してくれたのかもしれない。「自分がいたら大変でしょ。15年もお世話をしてくれたし感謝もしているし、楽にさせてあげる…」と言いながら逝ってくれた気がした。

静かな夜は嫌いだ。どちらかというと、いろいろな人を大事にしてこなかった、もっともっと大事にするべきだった、というようなことが頭に浮かんでしまう。そんな自分がここまで来ることが出来たのは、実に多くの人たちや犬に支えられてきたからである。いろいろな人に支えられ、励まされ、暖かく見守ってもらい、ホントに恵まれた環境で生活し仕事をすることが出来てきた。特にへこんだ時に、「誰だって失敗はありますよ」と優しく励ましてくれたT氏にはホントに感謝している。

静かな夜を避けるために、冷静に考えれば相当にだらしない生活をしてきたことも確かだと思うが、「だらしない」とか「飲み過ぎだ」とかいう言葉を発しないで見守ってくれた家族には特に感謝している。恵まれた環境にいる人ほど環境に恵まれてこなかった人たちのことを考えなければならない、との言葉がずしりと響く。

多い方ではないと思うが、やはりイライラする時もある。そんな時に、車の中で聞きながら一緒に歌うのが、「切手のないおくりもの」（作詞・作曲　財津和夫）という歌である。なかでも、「年老いたあなたへ　この歌を届けよう　心優しく育ててくれた　お礼がわりにこの歌を」、「知り合えたあなたに　この歌を届けよう　今後よろしくお願いします　名刺がわりにこの歌を」は、訴えてくる。感謝の気持ちを忘れかけているぞ、と。

２０１６年（度）は様々な意味で節目の年であった。年齢的にも節目を迎えた。国際学部は国際社会学科と国際文化学科の２学科を国際学科１学科体制に統合・再編し、２０１７年４月から生まれ変わる。４年間の学部長任期が終了する。本書をまとめることで、これまで考えてきたことのなかで特に伝えたい現実や発したいメッセージを１冊の作品に収めることが出来た。さて、「次の一歩」をどこに向けて歩き出すべきか。

いずれにしても、「次の一歩」を踏み出すには、「鍛え直す」ことが必要だ。まずは、この間あまり向き合うことが出来なかった近年の研究成果を幅広く見渡してみよう。偉大な社会学者や思想家の作品をもう一度じっくり読む時間も作りたい。「見えにくい世界」や「不可視化されがちな世界」には走って追いつきたい。

本書のメインタイトルは、神奈川県立地球市民かながわプラザあーすプラザで外国人教育相談をされている加藤佳代さんから頂いたアイデアである。加藤さんとはＨＡＮＤＳ主催のシンポジウムに来ていただいたことが縁で、これまでいろいろとお世話になってきた。最初は『「共に生きる」社会を考えるための10章』というタイトルを考えていたのだが、本書のタイトルのほうがはるかに心に響くような気がする。いつもはユニークな発想と貴重な情報を、今回は素敵なタイトルを頂いた。

下野新聞社編集出版部の嶋田一雄さんおよびデザイナーの橋本剛さん、代田早紀子さんとは、『地域のグローバル化にどのように向き合うか―外国人児童生徒教育問題を中心に―』（2013年）、『越境するペルー人―外国人労働者、日本で成長した若者、「帰国」した子どもたち』（2015年）に続き、3回目の仕事を一緒にさせていただいた。『夕張は何を語るか―炭鉱の歴史と人々の暮らし』（吉田書店、2012年）を含め、これらの本をこの4年間で出せたことは大きな思い出である。

本書が、未来を拓くあなたへ、何らかのヒントや励ましを与えることが出来たらとても嬉しい。

附記

2017年2月28日の国際学研究科委員会で仲田和正さんの学位請求論文についての審議が行われ、博士(国際学)の取得が認められた。論文題目は「持続可能な人道支援には何が必要か」。フィリピンを対象とする人道支援に長らく関わってきたことから生まれた問題意識をストレートに表現した題目である。博士号取得までの道のりは平たんではなかった。しかし、高いモチベーションを持ち続け、粘り強く努力を積み重ねられた。

仲田さんは、自分の指導学生で2人目の博士号取得者である。本書の原稿の提出が当初予定よりも遅れてしまい、校正を年度末の2月末まで引きずってしまったが、そのおかげというか、この報告を記すことが出来た。心よりお祝い申し上げたい。

2017年2月28日　田巻　松雄

〈著者紹介〉

田　巻　松　雄（たまき・まつお）

北海道夕張市生まれ。1996年より宇都宮大学国際学部に勤務。2013年より国際学部長。地域社会論、国際社会論などを担当。著書として、『夕張は何を語るか　炭鉱の歴史と人々の暮らし』（編、夕張の歴史と文化を学ぶ会協力）吉田書店、2013年、『地域のグローバル化にどのように向き合うか―外国人児童生徒教育問題を中心に―』下野新聞社、2014年、『越境するペルー人　外国人労働者、日本で成長した若者、「帰国」した子どもたち』（編）、下野新聞社 2015年、等。

shimotsuke shimbun-shinsho

下野新聞新書 10

未来《みらい》を拓《ひら》くあなたへ

「共《とも》に生《い》きる社会《しゃかい》」を考《かんが》えるための 10 章《しょう》

田《た》巻《まき》 松《まつ》雄《お》 著

平成 29 年 3 月 24 日　初版発行

発行所：下野新聞社
〒320-8686 宇都宮市昭和 1－8－11
電話 028-625-1135（編集出版部）
http://www.shimotsuke.co.jp
印刷・製本：株式会社シナノパブリッシングプレス

装丁：デザインジェム

ISBN978-4-88286-664-0 C0236
日本音楽著作権協会（出）許諾第 1703010-701号